# Éloge de la philosophie

Alain Badiou

# Éloge de la philosophie

Roman – Théâtre - Leçons

Flammarion

ISBN : 978-2-0804-2110-4

# Avant-propos

Le dialogue qui suit provient de papiers contenus dans une malle abandonnée, qu'au moment de la fermeture d'une petite gare provinciale quelques jeunes amis avaient trouvée le long d'un mur, et que personne n'a jamais réclamée. Ils m'ont offert, non sans une cordiale ironie, une photocopie de ce dossier, faisant semblant de croire, en fonction de certains indices, que c'était peut-être, de ma part, « une tentative ratée ».

Le texte original était écrit dans une langue assez étrange, mixture d'anglais, de grec ancien, de proverbes espagnols, de phrases allemandes et d'une bonne dose de français, en général assez approximatif. Certaines notations, dispersées et fragmentaires, semblent indiquer que ce brouillon date des années 90 du dernier siècle. C'est une énième tentative dans un genre depuis longtemps saturé : le faux dialogue platonicien. Il me semble du reste évident que le meneur de jeu, un certain professeur Tocéras, qui se présente comme « un Espagnol de l'armée en déroute », n'est qu'une anagramme de « Socrate », à l'accent aigu près.

J'ai jugé qu'une sorte de restauration textuelle, dans l'unique langue française, de ce sympathique débris, serait au bout du compte un légitime hommage rendu aux efforts accomplis par le dérouté Tocéras, pour justifier une vocation inauguralement inscrite dans son nom propre.

Je veux ici souligner un point important : on peut vraiment considérer Isabelle Vodoz comme un co-auteur (une co-autrice ?) du présent livre. D'abord, elle en a fourni le matériau initial en traduisant les nombreux passages écrits en allemand ou en anglais, et en s'associant à mes efforts pour ceux qui étaient en grec ancien. Ensuite, elle a continument participé à la mise en ordre et à la correction du montage qui faisait passer du désordre inquiétant des fragments initiaux à un livre lisible en sa continuité narrative. Enfin, elle a corrigé sans la moindre pitié les étourderies ou approximations que je laissais subsister dans la rédaction finale du texte.

Alain Badiou

# Personnages

**Le parleur :** Tocéras

**L'adversaire :** Clésacalli

**Les auditeurs qui prennent la parole :** After (John), Amantha, B'adj Akil, Glauque (Rémi), l'Inconnu, l'Inconnue, Isamuta (Delphine), Thijud (Diane), Xi La Pong.

**Les auditeurs qui ne prennent pas la parole :** n'importe quel lecteur de ce livre.

# Le premier jour

Longeant un maigre et pâle torrent, le « professeur » Tocéras, qui, avant d'être embauché dans l'Institution Instituée en tant qu'Instituante, la fameuse I.I.I., n'avait jamais rien « professé », se demandait mélancoliquement pourquoi, dans notre monde, on parle partout anglais, ou en tout cas des approximations de cette belle langue, que lui, pourtant parleur professionnel – à l'I.I.I., on disait « parleur », jamais « professeur » –, n'avait jamais réussi à parler. Il pensait-parlait tout haut, Tocéras, dans la douceur du clapotis : « Évidemment, on pourrait dire qu'en un certain sens, il n'y a qu'un seul monde, celui du commerce international et de son soubassement capitaliste. Et si, véritablement, il n'y a qu'un monde, il n'est pas étonnant qu'il n'y ait qu'une langue de ce monde. Et pour des raisons d'histoire et de puissance impériale, cette langue, c'est l'anglais, ou un patois dérivé, comme l'américain… »

Mais Tocéras avait l'habitude, surtout quand il était seul le long du torrent, de se contredire, et ce, d'autant plus qu'il admirait fanatiquement la formule de Socrate : « La seule chose que je sais, c'est que je ne sais rien. » Dans « le fort de son intérieur », comme disait le sapeur Camembert, il continuait, tout en enjambant d'urticantes orties, sa méditation langagière : « C'est un problème, un vrai problème ! Parce que la philosophie est censée prendre en considération toutes les différences, et singulièrement méditer sur la multiplicité des peuples et des cultures. Allons-nous donc parler cette langue unique, pour la seule raison que nous sommes internes à la mondialisation capitaliste contemporaine ? Ne serait-ce pas une capitulation ? »

Tocéras fit alors un petit bond de joie : « Nous retrouvons notre éternel problème : nous devons parler anglais, mais pourquoi ? Voilà ! La philosophie, c'est demander toujours "pourquoi". Eh bien, avant tout parce qu'aujourd'hui nous devons adresser la philosophie à d'autres, à tous, et que, en gros, aujourd'hui "tout le monde" parle anglais. Cela ne vaut naturellement pas pour la vie de tous les jours, là nous parlons français, allemand, espagnol, bambara, persan ou japonais, ou une autre des centaines de langues qui existent, langues dont à cet égard on peut dire que toutes, au regard du cours de l'existence, présentent le même intérêt intrinsèque que l'anglais. Mais pour adresser la philosophie à ceux qui ne parlent pas votre langue, il faut aujourd'hui parler anglais, il faut être traduit en anglais. »

On arrivait près du vieux moulin. Une petite chute faisait éternellement tourner les débris d'une roue autrefois chargée de fournir au village de Foos-en-Sus une trébuchante électricité. C'est dans ce moulin que se réunissaient les auditeurs du parleur (à l'I.I.I, on ne disait jamais « élève », ni même « étudiant », mais toujours « auditeur »). Et pour ce qui était de parler, le parleur Tocéras était en piste : il allait continuer pour sa petite troupe d'auditeurs sa méditation sur la langue anglaise. En tant que parleur, il avait déjà ruminé, le long du torrent, la considération centrale de sa parlerie, telle qu'il comptait la parler dans le moulin-parloir.

Et d'attaquer ainsi :

— Le problème de l'hégémonie contemporaine de la langue anglaise est très concret mais également très profond, car il concerne la relation – aujourd'hui, dans « notre » monde – entre la philosophie et l'universalité. Pourquoi ? Eh bien, parce qu'il faut se demander d'abord si l'universalité de la philosophie s'explique par son inscription dans le monde tel qu'il est, ou bien si elle est universelle précisément parce qu'elle ne se situe pas complètement à l'intérieur du monde tel qu'il est, parce qu'elle se situerait dans un monde qui, en quelque sorte, n'existe pas, un monde – selon des opinions opposées – soit imaginaire et vain, soit plus réel que tous les mondes situables dans la réalité.

À cette attaque, un auditeur italien nommé Clésacalli, déjà réputé pour son insolence, répond par une courte mais dure contre-attaque, directement branchée sur la question de l'existence :

— Y'a beaucoup d'gens pour dire que de toute manière la philosophie sert à que dalle, puisque, d'ailleurs comme vous le dites vous-même, le monde de la philosophie, c'est une abstraction qui n'existe pas.

Tocéras, impavide, branche, lui, sur l'objection elle-même, le courant électrique de sa pensée :

— Pas mal vu, Monsieur Clésacalli. Vous me fournissez un argument supplémentaire ! Nous pourrions en effet vous répondre en disant que, bien au contraire, la philosophie est utile justement parce que le monde de la philosophie n'est pas exactement le monde tel qu'il est : le vouloir philosophique et la langue où se dit ce vouloir se situent en effet entre le monde tel qu'il est et le monde tel qu'on désirerait qu'il soit. Pour moi la philosophie circule entre deux approches. La première envisage le monde tel qu'il est, un monde que nous devons connaître, et dont nous devons proposer une vision claire. La seconde, qui considère le monde à partir de ce qu'on pourrait nommer le désir philosophique, nous entretient de ce que le monde pourrait être.

Alors une auditrice, une fidèle parmi les fidèles, une Grecque nommée Amantha, juge qu'elle peut non seulement soutenir le parleur, mais, simultanément, ramener sa parole vers son point de départ, nommément la question de l'anglais :

— À partir de là, on peut revenir à la question vraiment vitale posée dès le début par Monsieur

Tocéras, à savoir : dans quelle langue se parle et s'écrit la philosophie ? Ce n'est pas seulement une question grammaticale et logique, portant sur la structure des langues, c'est une question qui porte plus précisément sur le problème de savoir dans quelle langue la philosophie existe, si je peux dire, le plus efficacement. On peut y répondre en disant que la philosophie existe aujourd'hui dans la langue dominante qui est celle de la mondialisation capitaliste, et que, si elle accepte d'être à l'intérieur du monde tel qu'il est, elle est obligée de parler cette langue universelle d'aujourd'hui, c'est-à-dire une espèce d'anglais abâtardi, un jargon international et commercial issu de la langue anglaise.

Tocéras est toujours ravi quand la subtile et belle Amantha vient à son secours, et il n'aurait pas décliné qu'elle aille plus loin dans cette voie, par exemple, qu'elle sublime le « secours » dans la notion trouble de « sympathie active ». Mais il sait aussi ne rien montrer de ses émotions, sinon, rarement, par de minimes nuances des inflexions de sa voix. Cette fois cependant, il commence sa réponse avec une dose d'enthousiasme quelque peu suspecte :

— Vous êtes remarquable, Amantha, vous êtes comme une bergère qui sait toujours faire revenir ses brebis égarées vers le troupeau. Avec vous, l'expression vulgaire « revenons à nos moutons » indique une authentique discipline de la pensée. Cependant je ne pense pas que nous puissions nous contenter de cette obligation, si réaliste qu'elle semble.

Ce n'est pas, en effet, une possibilité réellement créatrice. La vraie logique créatrice à laquelle la philosophie devrait se soumettre consisterait au contraire à inscrire le réel de la philosophie non dans la langue dominante, mais dans la totale multiplicité des langues. Qu'est-ce à dire ? D'abord que la philosophie n'est pas réductible à une seule langue, car si c'était le cas, si elle ne s'exprimait que dans une langue particulière, elle ne pourrait certainement pas être universelle…

À ce moment, Clésacalli croit possible de bloquer la machine, de couper la chique au parleur :

— Chacun et chacune parle dans sa langue, c'est pas plus compliqué, et le philosophe fait pareil. Après on traduit si on veut…

— Allons, Clésacalli ! Ne faites pas l'ignorant ! riposte Tocéras. Je suppose que vous connaissez l'exemple de Heidegger. Il ne s'est pas contenté d'écrire en allemand ! Il a osé déclarer que l'allemand était aujourd'hui, après le grec ancien, la véritable langue de la philosophie, et qu'on pouvait dire quelque chose du genre « l'être parle allemand ». C'est là une position purement nationaliste, au sens fascisant du terme. Pour moi Heidegger est un grand philosophe, mais cette position spécifique concernant la langue de la philosophie est en totale contradiction avec l'universalité de la philosophie, avec le fait de reconnaître qu'un Sujet existe auquel la philosophie s'adresse, un Sujet qui est l'humanité en tant que telle, et non pas l'humanité dans une langue, dans une culture spécifique, dans l'emballement d'un nationalisme mental. La philosophie, au sens où je l'entends – et c'est pour moi une condition de son existence –, est impossible si l'on ne reconnaît pas qu'il existe quelque chose comme l'humanité en tant que telle. Naturellement il y a toutes sortes de cultures et de différences, car l'humanité est une multiplicité complexe, mais cette multiplicité doit être d'abord reconnue dans son unité fondamentale, sauf à y distinguer des sous-hommes, ou des sous-nations, ou un « sexe faible », ou des « races » maudites, ce qui installerait aussitôt l'infamie dans la philosophie. Pour prendre un mot plus technique, il y a quelque chose comme une humanité *générique*, une humanité qui n'est pas réductible, en tout cas pas immédiatement, à ses différences immanentes, ni à telle ou telle de ses particularités. Et donc, quel que soit le dialecte dans lequel elle s'exprime, la philosophie, parlant de l'humanité à l'humanité, traverse toutes les langues existantes, y compris celles qui n'existent pas encore ou celles qui ont disparu.

Le nommé Rémi Glauque, un de ces fervents disciples parfois exposés au risque de se croire plus en accord avec la pensée du Maître que n'en est capable le Maître lui-même, se lève alors pour introduire, dans son style qui vise au grandiose, une fatale nuance :

— Il est évident que selon votre propre vision, on doit concéder que l'énoncé infiniment suspect

« la philosophie ne parle qu'une seule langue, qui est aujourd'hui l'anglais » peut évidemment s'entendre de deux façons. Premièrement, on peut dire que nous sommes obligés de parler anglais, non pas parce que l'être parle anglais (malheureux être !) – comme on a pu dire qu'il parlait allemand ou grec ancien ou sans doute aussi chinois –, non pas pour cette raison en quelque sorte prétendument issue de l'être-vrai de l'être, mais parce que, dans le monde tel qu'il est, nous y sommes obligés. C'est une nécessité d'aujourd'hui, une contrainte empirique, qui n'a aucune espèce de valeur philosophique. Et puis vous avez l'autre position, celle de Heidegger, qui est également celle de Leibniz – c'est donc très important dans l'histoire allemande –, à savoir que nous devons aujourd'hui parler anglais pour des raisons ontologiques, parce qu'il y a quelque chose de fondamental dans la relation historiale entre l'être en tant qu'être et une époque donnée, relation qui se reflète dans le discours de la pensée.

Tocéras comprend immédiatement, rien qu'au sourd murmure approbateur qui lui semble monter, comme une fumée de silence, de la petite foule des auditeurs, qu'il faut se montrer noblement sévère. Il respire à fond, prêt à courir un marathon des arguments :

— À vrai dire, nous soutiendrons, mon cher Glauque, qu'aucune des deux orientations – que vous n'éclairez pas en choisissant précipitamment la seconde – n'est bonne pour la philosophie. La première parce qu'il y a en effet quelque chose d'abstrait dans le fait de dire que la philosophie doit parler anglais dès lors que le monde contemporain l'y oblige. Je comprends bien sûr que ce soit une nécessité de parler anglais dans le monde des affaires, mais la loi de la philosophie ne saurait être la loi des affaires, après tout, la philosophie n'est pas une affaire parmi d'autres. Le vrai problème, voyez-vous, est de savoir si la philosophie est capable d'être une exception. Par ailleurs, l'idée que nous devrions parler uniquement notre propre langue, qu'on oppose parfois à l'idée abstraite que tout le monde devrait parler anglais, revêt aujourd'hui la forme d'une réaction nationaliste devant la mondialisation. Cette contradiction entre l'universalité abstraite, qui est en dernier ressort l'universalité de l'impérialisme, l'universalité des affaires, du capitalisme, etc., dont formellement le langage est l'anglais, et la réaction des différentes cultures contre cette universalité sous la forme de la seule affirmation de leur particularité, est sans doute la contradiction la plus importante du monde contemporain. La fidélité à l'histoire de la philosophie a toujours consisté à surmonter cette sorte d'enfermement, cette opposition entre l'universalité purement abstraite, oppressive, qui joue contre la vie des différents peuples, et la particularité purement réactive, qui s'affirme en tant que telle dans un combat contre cette universalité abstraite. Nous pouvons comprendre ce combat mais il est impossible à la philosophie de s'inscrire dans ce genre d'opposition. Elle ne peut assumer ni la vision abstraite du monde, la mondialisation, le « paisible » monde des affaires, ni la position, que je dirais obscurantiste, d'un Heidegger, pour qui l'être parle allemand, mais qui ne serait nullement meilleure si l'on affirmait que la philosophie doit parler italien, breton ou peul. Bref, nous devons refuser à la fois le « il faut parler anglais parce que le monde des affaires parle anglais », et le « je suis un philosophe allemand, donc je dois parler allemand ».

Clésacalli voit dans un court silence du Maître, qui reprend son souffle, une brèche par laquelle il peut s'introduire dans la citadelle des arguments :

— C'est pt'être bien vrai, votre argument, là, dans la Grande Philo, si elle existe, mais c'est totalement faux en politique. Là, faut parler la langue des gens à qui on cause, sinon on est cuit.

Mais le Maître a prévu cet assaut, et préparé sa contre-attaque :

— Merci, cher Clésacalli, de me permettre de poursuivre en vous contredisant sans pitié ! La contradiction linguistique dont nous parlons, loin d'être uniquement philosophique ou culturelle, est également une contradiction entre deux positions politiques. Pour l'une la mondialisation, les affaires du capital, le jargon anglais, constituent aujourd'hui le seul destin possible de l'humanité. L'universalité abstraite, paradigme de l'histoire de l'humanité dans son ensemble, est en fait, dans cette vision, celle du monde occidental, pour qui la seule possibilité envisageable est l'expansion universelle du marché mondial tel qu'il est. Nous vivons ainsi à l'intérieur d'un monde qui assume comme unique possibilité la continuation du monde tel qu'il est, moyennant bien sûr quelques petites améliorations, un peu plus de respect de l'environnement, par exemple une meilleure espérance de vie pour les crapauds ou les sauterelles, et une bonne dose d'égalité apparente entre les hommes et les femmes. Cette position politique est en fait la vraie position conservatrice, alors que nous avons coutume d'appeler « conservatrice » la position obscurantiste, celle qui affirme que nous devons revenir au monde d'autrefois, celui de la « famille », des vieilles lois (par exemple celles qui concernent la liberté sexuelle), revenir à la loi de Dieu et au vieux monde avec ses us et coutumes. Cette mélancolie réactionnaire est bien sûr une position sinistre et dangereuse, que nous devons combattre. Mais je dirais que notre ennemi principal n'est pas cette seconde position, que je nomme « obscurantiste », car elle n'est pas la position dominante. Notre ennemi principal est bien plutôt la position, aujourd'hui dominante, qui affirme qu'il faut, purement et simplement, continuer comme nous faisons, nous, les Occidentaux « démocrates », qu'il n'y a pas d'autre possibilité, car le monde, tel qu'il est, assure, sous notre direction, la paix des affaires, ce qui est le premier devoir des civilisations.

Amantha demeure perplexe :

— Tout de même, mieux vaut une nouvelle sorte d'universalité, même affairiste ou boiteuse, un minimum de défense de principes communs, une sorte d'arrangement symphonique des singularités, que le retour aux nationalismes hargneux, aux religions locales et aux obligations familiales !

— Réfléchissez, chère Amantha, reprend Tocéras. Cette position, qu'on peut en effet nommer l'universalité du monde des affaires, est celle de pratiquement tous les gouvernements des grands pays d'Europe, des États-Unis, mais aussi de la Chine ou de la Corée… Comme toujours il y a entre ces États des contradictions, des différences, mais, fondamentalement, ce qu'ils ont en commun, c'est qu'ils soutiennent tous que c'en est fini de ceux qui voudraient proposer comme des possibilités réelles des visions complètement nouvelles de notre monde, alors qu'il ne s'agit que de fictions ou d'utopies. Aujourd'hui la tendance principale, dominante, consiste à affirmer que le monde tel qu'il est ne recèle en lui-même aucune autre vraie possibilité, si ce n'est de continuer dans la voie de la paix démocratique des affaires. Qu'il faille parfois en imposer la continuité par des guerres locales féroces n'est que le prix à payer. Au total telle est la définition philosophique qu'on peut donner de la position conservatrice contemporaine, dont le nom de cérémonie est « démocratie ».

— Mais ce sont nos ennemis directs qui ont cette idéologie ! intervient alors Rémi Glauque. La contradiction principale est entre nous, disons de façon générale les socialistes, et ce monde de l'individualisme avec comme seule règle le profit maximal extorqué aux ouvriers ! À côté de cette position conservatrice, on ne trouve plus aujourd'hui que la position obscurantiste. C'est d'ailleurs en cela que réside un des graves dangers de notre situation. La position obscurantiste consiste à prôner moins la continuation du monde de la démocratie « moderne » que le retour à un bon vieux monde réactionnaire, un monde d'autrefois, ce qui équivaut à revenir à un mélange entre réaction religieuse et nationalisme agressif. C'est la position d'un certain islamisme, ou celle du président Trump aux États-Unis, ou à certains égards celle de notre Sarkozy, comme à coup sûr celle de la fille Le Pen, ainsi que, en Italie, celle de la Ligue du Nord, ou encore et certainement celle de Bolsonaro au Brésil, comme des cliques actuellement au pouvoir en Inde ou aux Philippines, sans oublier le clown Zemmour. Ce qui fait beaucoup de monde ! Que faites-vous, contre tout ça ? Quelle place réservez-vous à l'antifascisme, alors ?

— Dans la vision que j'ai du monde politique contemporain, répond en souriant Tocéras, la passion obscurantiste apparaît bien comme l'inverse apparent de la position libérale conservatrice, mais elle se situe exactement sur le même terrain, à savoir celui de la haine portée à toute autre hypothèse stratégique, et tout particulièrement à l'hypothèse communiste. La position conservatrice dominante affirme la nécessité de continuer le monde tel qu'il est, tandis que la position obscurantiste affirme que nous devons désirer un retour au monde du passé. Comme vous le constatez, dans les deux cas, il n'y a pas d'avenir qui puisse s'affirmer comme un changement radical des paramètres dominants, à savoir la garantie des affaires. Tout ce qui va dans ce sens est aussitôt identifié comme une utopie criminelle. Dans une certaine mesure, le temps d'aujourd'hui consiste à réduire le temps à un pur présent, à la continuation, à la transformation immanente du présent, voire à la résurrection du passé de ce présent. C'est de là que provient l'énoncé philosophique à la mode, énoncé qui prononce « la fin de l'Histoire ». C'est une idée qui, en un certain sens, est une vieille idée hégélienne : le monde historique est parvenu, notamment avec l'attelage du capitalisme et de la démocratie, à sa forme suprême. La philosophie est alors réduite au constat de cette fin, et à sa justification. Autant dire qu'on peut s'en passer, vu qu'elle n'est plus alors qu'une vaine mouture de l'idéologie dominante. Comme le disent de fringants idéologues contemporains : « Il est plus facile de penser la fin du monde que de penser la fin de l'attelage capitalisme/démocratie. » Dans ces conditions, philosopher, c'est bavarder.

Mais alors, Clésacalli, ravi de l'aubaine :

— Bien vu ! C'est quoi, la philosophie qu'est pas un bavardage ? La politique, c'est la colère et l'action, mais la philosophie, c'est quoi ? Un bavardage tranquille ?

Et Tocéras, faisant celui qui n'a rien entendu :

— En résumé, si la philosophie peut être réellement utile aujourd'hui, c'est à travers la tentative d'échapper à la fausse contradiction entre la position obscurantiste et la position conservatrice « moderne ». Fausse, puisque les deux termes ont une chose en commun, à savoir l'absence d'avenir, et qu'alors il ne nous reste plus que la continuation du présent, laquelle ne requiert qu'une habileté sans concept. En effet, si le monde n'a pas d'autre possibilité que lui-même, alors il n'y a pas d'avenir. Et si le monde n'a pas d'autre désir que de revenir au passé, il n'y a pas d'avenir non plus. Nous pouvons donc définir un des enjeux de la philosophie, un axiome de sa survie, en disant que si la philosophie veut être autre chose qu'un exercice académique, elle doit proposer la possibilité d'un avenir réel ou, à tout le moins, examiner les conditions pour qu'existe un avenir réel. Tel doit être notre devoir stratégique.

Cette conclusion raisonnablement militaire est suivie d'un silence que module, dehors, le bruit de l'eau sur les débris de la roue du moulin. Clésacalli tente une percée :

— Et notre devoir tactique, alors ? Ici, dans cette salle ? Quel est sur ces questions, du genre comment qu'on parle, comment qu'on vit, le devoir d'un professeur de philosophie ?

Tocéras ne se laisse pas surprendre :

— Mon devoir immédiat de professeur est formellement très simple : être avec vous pendant trois heures par jour pendant six jours consécutifs. C'est après tout un devoir professionnel.

— Et alors les étudiants ? C'est pas une profession, étudiant ! Qu'est-ce que vous dites sur notre devoir à nous en tant qu'étudiants, un point c'est tout ?

— Ma foi, rétorque Tocéras, c'est également d'être ici avec moi, trois heures par jour, pendant six jours consécutifs.

Amantha, pour le coup, s'indigne :

— Monsieur Tocéras, là, vous rusez, vous déviez, j'ose vous le dire. Le devoir d'un étudiant...

— D'un auditeur, coupe Tocéras en souriant.

— Oui, persévère Amantha, le devoir d'un auditeur n'est pas identique au devoir d'un prof..., je veux dire d'un parleur. Et en plus, cette histoire de « devoirs » n'est pas claire. Nous sommes ici dans le cadre d'une rencontre d'été. Nous ne sommes pas venus dans ce moulin pour passer des concours et devenir quelqu'un de bien installé et de bien payé dans les affaires, dans le monde tel qu'il est. Nous sommes librement venus pour vous écouter. Par conséquent notre devoir à nous, les auditeurs, n'est pas exactement un devoir professionnel. C'est la différence entre nous et vous, Monsieur Tocéras : dans notre choix d'être ici il y a quelque chose comme une liberté. Dans votre cours, que vous soyez payé ou non, question du reste obscure, rôde nécessairement l'idée de la transmission d'un devoir, d'une forme d'obligation imposée par la Raison pure à notre liberté.

— Bravo, chère Amantha ! Oui, nous pouvons, nous devons parler de quelque chose comme un devoir philosophique, un devoir qui n'est pas réductible aux intérêts de l'animal humain – être dans les affaires, avoir de l'argent, consommer, avoir une vie agréable – ou, pour parler comme Kant, « un devoir qui est un devoir désintéressé ». C'est pour autant que ce devoir a un caractère désintéressé que ma tâche de parleur a, au-delà d'une éventuelle valeur professionnelle, une valeur véritablement philosophique.

— En somme, dit Glauque, la mine réjouie, nous sommes enfermés dans un moulin pour créer une communauté autour d'une obligation désintéressée.

— Bien dit, se réjouit Tocéras. Notez que ce ne serait pas la même chose si vous étiez là, par exemple, pour étudier les mathématiques. Je le sais parce que j'aime énormément les mathématiques et que parfois je me transforme, de parleur de philosophie en professeur de mathématiques. Or quand cela m'arrive, je sens immédiatement que la communauté n'est plus la même, car il existe une dissymétrie au niveau des connaissances. La question devient alors la suivante : pourquoi, de façon générale, un cours, une leçon, un…

— Un dialogue ? dit Glauque, comme chez Platon ?

— Un dialogue, oui, accepte Tocéras, un dialogue de philosophie. Pourquoi est-il différent, ce dialogue, d'un cours de géographie, ou de mathématiques, ou de ce que vous voudrez ? Je pense que cela provient de la nature dialectique de la philosophie, qui est restée telle depuis Platon jusqu'à aujourd'hui.

— Là vous n'faites que tourner dans la rondeur du rond ! tonne Clésacalli. Parce que « dialectique », c'est le jargon de la philosophie, et finalement comme presque tous les..., bon, les parleurs, vous finissez par dire que la philo, c'est la philo.

— Et moi, réplique Tocéras avec une dureté inattendue, je vous dis que la philosophie, c'est la création d'un désir. Et d'un désir, en effet, on ne peut guère dire autre chose que : C'est un désir !

La formule fait mouche, une sorte de brouhaha s'installe dans le moulin, qui couvre un court moment le gazouillis de l'eau. Le parleur reprend quand même son bien supposé, à savoir la parole :

— La tâche de la philosophie est dialectique, parce qu'il ne s'agit pas simplement d'apporter des réponses convenables à diverses questions. En ce sens, le but de la philosophie n'est pas le même que celui des mathématiques : exposer un problème et sa solution. Pas plus qu'il ne consiste à répondre à des questions empiriques, à apprendre quelque chose de nouveau concernant la géographie ou l'histoire de tel ou tel pays, ou encore à connaître les lois du monde social, comme prétend le faire, par exemple, l'économie. Son but est véritablement de susciter chez chacun un nouveau désir, celui que Platon nommait le désir de l'Idée. La création de cette sorte de désir est de nature dialectique pour la raison suivante. Certes, nous ne sommes pas, vous et moi, dans la même position au départ, il y a bien un parleur principal et des auditeurs subordonnés. Mais le mouvement philosophique a pour but de surmonter cette différence de position, cette dissymétrie des connaissances. Certes, je parle et vous écoutez, je parle et vous apprenez, je parle et il vous arrive même de prendre des notes. Mais l'intérêt proprement philosophique n'est pas de continuer indéfiniment à l'intérieur de cette différence. Le vrai but est de produire quelque chose de commun, d'égalitaire, qui est précisément un nouveau désir. De produire ce désir commun comme le résultat dialectique, et finalement comme l'abolition, de la différence initiale de position.

Amantha se lève alors lentement, telle un fantôme fatigué, et comme elle reste silencieuse, le bruit du moulin semble s'imposer comme le seul réel du moment. Quand enfin elle commence à parler, avec une grande et lente douceur, c'est comme si une chanteuse murmurait un récitatif sur le fond supposé de violoncelles aquatiques :

— Vous nous rappelez, cher parleur, que la question de la philosophie n'est pas celle de l'acquisition d'un nouveau savoir, c'est celle d'un nouveau désir.

Dire cela est vrai depuis Platon, et je ne dis certes pas cela pour me moquer de vous ! C'est justement la victoire collective de notre réunion, celle qui nous concerne, vous, et moi, et nous tous, les gens du vieux moulin, de manière permanente : l'émergence de quelque chose comme une nouvelle possibilité dans la pensée, une nouvelle vision.

— Parfaitement, enchaîne alors Glauque, mais n'oublie jamais, Amantha, qu'une nouvelle possibilité commence obligatoirement par une nouvelle position subjective. En effet, si, subjectivement, nous restons prisonniers du monde tel qu'il est, il est évident que nous ne pourrons défendre aucune possibilité objective vraiment nouvelle. C'est pourquoi un cours de philosophie – mais également la lecture solitaire d'un livre de philosophie si cette lecture est elle-même philosophique – a, je crois, pour norme de son succès quelque chose d'une transformation subjective, qui opère comme une petite partie de l'ouverture de nouvelles possibilités du monde, se levant, si même parfois infime, timide, mais bien réelle, contre le conservatisme capitalo-démocratique, et son doublet obscurantiste.

Tocéras, lui, boit du petit lait :

— Bravo, tous les deux ! En effet le mystère de la philosophie est qu'elle est à la fois purement individuelle et complètement universelle. Purement individuelle parce que ce n'est pas de la politique – nous ne sommes pas en train de créer une organisation ou un parti philosophique. Au niveau qui est le sien, la philosophie est d'abord une question individuelle. Après tout, ce nouveau désir que nous allons créer ici, je l'espère, est d'abord le désir de chacun d'entre vous. Quand je m'adresse à vous, c'est à chacun de vous personnellement que je m'adresse. À ce niveau il y a des différences, des dissymétries, des avancées et des retards. Mais si le but de la philosophie est un nouveau désir concernant le monde tel qu'il est, une nouvelle possibilité de vie, d'existence, et pas seulement un nouveau savoir, alors ce genre de désir, en tant que désir de chacun, est aussi l'ingrédient personnel d'une transformation collective. De la nature dialectique de la philosophie résulte que la philosophie a pour enjeu réel la relation entre l'individu, l'humanité et le monde, et qu'elle vise la transformation de cette relation par le moyen d'un nouveau désir dans la pensée. Car la pensée n'est rien si tout désir en est absent.

À cet instant même, dans le silence qui suit la formule quelque peu définitive du parleur, on s'aperçoit qu'un auditeur supplémentaire a fait son entrée. Depuis quand ? Nul ne le sait. Il semble être collé à la porte, fermée dans son dos, depuis toujours. Le désir de sa pensée a peut-être quelque chose de collant ? Qu'il soit d'origine asiatique résume, en tout cas, ce que les auditeurs présents dans le moulin devinent de ce compagnon inattendu.

Cependant, Tocéras l'accueille comme s'il le connaissait depuis toujours :

— Monsieur Xi La Pong, comme vous le voyez…

Il n'a pas le temps d'en dire plus. Le nouveau enchaîne :

— Ce que je vois, c'est que vous êtes en train de répondre, à partir de considérations mondialistes sur l'hégémonie de la langue anglaise, à la question par quoi commence – pour autant que je connaisse les rites scolaires occidentaux – toute leçon de philosophie, à savoir la question pré-commencement, le commencement qui permet de commencer vraiment, à savoir la question : Qu'est-ce que la philosophie ? Et alors…

Clésacalli, n'aime pas les Chinois, qu'il considère comme des totalitaires racistes, et décide de couper court :

— Nous savons tous, en France, c'est le b-a-ba, que la philosophie doit commencer par s'interroger sur elle-même.

— Mais, rétorque le nommé Xi La Pong, sans hausser le ton, savez-vous pourquoi, dans un cours de mathématique élémentaire, personne ne ressent le besoin de commencer en expliquant ce que c'est que les mathématiques ?

— Alors là, vous changez vite de sujet ! dit Clésacalli, pris au dépourvu. On fait comme ça, en Chine, répondre à une question par une autre ?

— Eh bien, réplique Xi La Pong, chinoise ou pas, il convient de remarquer que la question « Qu'est-ce que les mathématiques ? » n'est pas une question mathématique. Si elle l'était, on devrait pouvoir y répondre par des définitions et des théorèmes formalisés, or vous savez fort bien qu'on ne le peut pas, que ça n'a même aucun sens. De même, du reste, la question « Qu'est-ce que la peinture ? » n'est pas une question qu'on traite avec un pinceau. En revanche « Qu'est-ce que la philosophie ? » est une question philosophique. Elle l'est ici même, dans ce moulin perdu, tout comme elle l'est à Shanghai, je vous le garantis !

— Cher auditeur venu de loin, ce dont je vous remercie, intervient alors Tocéras, installez-vous, et continuons.

Xi La Pong va s'asseoir à côté du Sénégalais B'adj Akil, comme si se formait déjà dans le moulin, un peu séparé de la majorité européenne, un petit camp afro-asiatique. Une base pour une philosophie « tiers-monde » ? Le geste de Xi La Pong, à cette étape du reste probablement involontaire, ne paraît rallier ni la Malaise Diane Thijud, ni Delphine Isamuta, qui semble esquisser un geste qu'on aurait pu interpréter comme le signe d'un certain engagement du Congo, mais qui en définitive ne bouge pas non plus. L'existence d'un « camp féminin » reste dans les limbes. Il faut quand même noter que ni l'Anglais John After, ni le Français Rémi Glauque, incarnant avec l'Italien Clésacalli, du côté des auditeurs, la vieille Europe, ne semblent s'intéresser ni aux mouvements ni aux paroles de Xi La Pong.

Tout le monde étant assis, Tocéras reprend le pouvoir académique :

— Ce qu'a dit notre nouveau compagnon venu de Chine est étroitement en liaison avec mon affirmation selon laquelle le but de la philosophie est de créer un nouveau désir. Impossible de séparer les deux : si la philosophie n'inclut pas la question de la philosophie, alors elle ne sera qu'un savoir, un savoir de quelque chose d'extérieur à elle-même. Mon devoir serait alors de vous transmettre ce savoir, comme je le ferais en mathématiques ou en histoire. En revanche, si la philosophie est bien quelque chose dont le but est de créer un nouveau désir individuel concernant les possibilités du monde, alors, nécessairement, la philosophie est aussi la question de la philosophie elle-même, et non pas le domaine clos d'un savoir. En fait, la philosophie distingue le savoir de la pensée, en ce que la pensée ne peut être que pensée d'elle-même, alors que le savoir est toujours savoir d'un objet. Vous suivez ?

À ce moment précis, John After, chez qui la philosophie analytique a laissé nombre de traces, intervient dans son style implacablement déductif :

— C'est une pure et simple question de logique formelle. Dans la mesure où la philosophie prétend aider l'individu à s'ouvrir à un nouveau désir, il est obligatoire qu'il y ait une ouverture de la philosophie elle-même, car une philosophie fermée ne peut créer que quelque chose de fermé. Pour pouvoir créer de l'ouvert il faut que la philosophie s'ouvre, et cette ouverture de la philosophie découle précisément du fait que, dans la philosophie même, se pose la question de la philosophie. La philosophie ne commence jamais tout de go par « Je sais ce que c'est que la philosophie. » Elle commence toujours par la question : « Qu'est-ce que la philosophie ? » C'est explicitement, déjà, la question de Socrate, mais notre grand contemporain Gilles Deleuze a écrit avec Félix Guattari un livre qui a précisément pour titre *Qu'est-ce que la philosophie ?* L'histoire de la philosophie est ainsi, en même temps, l'histoire de la question concernant la philosophie, laquelle ne connaît ni détermination anhistorique, ni détermination définitive.

B'adj Akil, avec ce qu'on pourrait appeler la timidité africaine, laquelle dissimule une fermeté de conviction dans une enveloppe de respect démocratique de tout autre parleur, entreprend de rompre le silence qui a suivi la démonstration britannique, et cela pour politiser tranquillement la discussion :

— À partir du moment où elle doit défendre son ouverture, la philosophie est forcément opposée au monde contemporain. Elle y est opposée parce que la position dominante dans le monde d'aujourd'hui est la position conservatrice, à savoir l'affirmation comme quoi la seule possibilité offerte au monde c'est de continuer à être ce qu'il est. Il va de soi que si la philosophie est ce que nous avons proposé, elle ne saurait être en accord avec un monde ainsi défini. Ce désaccord avec la position conservatrice, avec la prétention « finale » du capitalisme et de sa fallacieuse démocratie, s'explique par le fait que la philosophie elle-même ne cesse de proclamer que la philosophie doit être autre chose que ce qu'elle croit être, pour pouvoir librement affirmer qu'un autre monde est possible. C'est bien pourquoi il existe des philosophies différentes et des philosophes différents, engagés dans une transformation constante, non seulement de la philosophie, mais – les deux choses vont ensemble – de la question « Qu'est-ce que la philosophie ? ». La continuation de la philosophie n'est ni ne peut être conservatrice, avec pour conséquence que l'histoire de la philosophie ne peut pas être dans la forme de la continuation d'une philosophie. En fait, ce qui continue c'est la question, le problème de ce qu'est et de ce que doit être la philosophie. Comme vous le savez sans doute, tout philosophe commence par dire : « J'écris quelque chose de tout à fait nouveau. » Bien sûr ce n'est jamais entièrement vrai, mais il est impossible de commencer d'une autre manière. L'histoire de la philosophie n'est pas l'histoire d'une continuité, c'est l'histoire d'une succession de ruptures souvent tapageuses. Et les commencements eux-mêmes ne peuvent jamais être les mêmes : le commencement d'Aristote n'est pas celui de Platon… Disons-le clairement. Si la philosophie est quelque chose comme ce que j'ai décrit, une succession de ruptures, alors il y a forcément dans la philosophie elle-même quelque chose de révolutionnaire. Parce que, au niveau conceptuel, règne en philosophie l'idée d'une rupture dans la pensée, d'une voie nouvelle, d'un recommencement hors répétition, d'un désir antérieurement inconnu.

Tocéras approuve chaudement cette percée politisante :

— Oui ! Oui ! Bravo cher ami ! Vous êtes un vif porteur de ce que j'ai toujours soutenu : le combat contre la vision statique, académique, de la philosophie. Vous le savez bien, dans la philosophie aussi, parce que la mort hante toute vie authentique, on retrouve la position conservatrice. Elle consiste à dire que la philosophie est, comme tous les savoirs, une succession de bons problèmes auxquels on va apporter de bonnes réponses. Cette position est celle de ce qu'on appelle la philosophie « analytique », qui est en ce moment hégémonique dans les pays anglo-saxons. Peut-être John After peut-il nous en dire un mot ?

John After parle presque à voix basse, avec une sorte d'obstination scolaire qui n'est pas très séduisante, mais finit souvent par convaincre. Il prend son temps, semblant se parler à lui-même, se convaincre lui-même :

— Pour la philosophie analytique, la philosophie doit nécessairement être rationnelle dans un sens complètement rigide du mot : elle doit être une succession de problèmes assumés collectivement, avec une claire distinction entre les bonnes réponses et les mauvaises. Il s'ensuit que, dans une « philosophie » de ce genre, vous pouvez très bien avoir un professeur qui déclare que ce qui est vraiment important, ce sont les articles parus dans les revues académiques pendant, mettons, les dix dernières années. Pour le scientifique, que je distingue du philosophe, il est en revanche parfaitement normal que le plus important soient les articles parus au cours des dix dernières années, vu qu'il est censé avoir appris tout ce qui a été pensé et écrit avant, afin de chercher le nouveau. Mais, réduite à ce programme d'apprentissage académique, une philosophie ne risque pas d'être confrontée à la question de créer un désir nouveau, un avenir nouveau, une nouvelle possibilité du monde. Le seul objectif de la philosophie analytique va donc être de se situer avec précision dans le champ du savoir – logique, grammatical, linguistique – avec des règles claires, des positions très claires, et un horizon particulièrement clair. Du coup la philosophie se voit réduite à n'être qu'une discipline académique, comme la géographie ou la chimie, donc à exister uniquement et pleinement dans les universités et à ne plus s'adresser à l'humanité tout entière. Vous voyez immédiatement que cette position revient à effacer sa nature dialectique.

— Très juste, ponctue Tocéras ! Le nom de philosophie « analytique » est particulièrement approprié à cette position, car dans la tradition philosophique a toujours existé une opposition entre « dialectique » et « analytique ». La position analytique représente l'abolition de la nature dialectique de la philosophie :

elle affirme en effet que nous savons ce qu'est la philosophie parce que nous sommes en état de définir ses règles et ses objectifs et que, du coup, tout ce que nous pouvons et devons faire, c'est continuer. Cette position revient en fait à nier la position créatrice de la philosophie, au sens où plus n'est besoin de philosophes différents. Mieux vaut le travail en équipe. Évidemment puisque, si vous disposez de bonnes règles, de bons problèmes, de bonnes réponses, vous pouvez travailler collectivement, exactement comme dans un laboratoire scientifique.

— C'est dur à réfuter, alors, c'est l'équation « Philosophie égale science ! » s'inquiète Delphine Isamuta d'une voix puissante qui supprime un moment le ronron du moulin. Moi, je ne suis pas forte en science…

Pour répondre à cet appel au secours, Tocéras entreprend de clarifier et d'apaiser la situation, tout en constituant peu à peu une armée du concept et du désir :

— Laissons là la question des capacités scientifiques. Il faut d'abord bien comprendre que nous avons affaire à un réel combat, que la situation n'a rien de pacifique, qu'il y a une lutte entre deux possibles orientations générales de la philosophie. Vous avez d'un côté la position dialectique, pour laquelle la philosophie est une question ouverte en tant que création d'un nouveau désir, en tant que production de l'idée d'un avenir. Je dis bien de l'idée, car je vous rappelle que la création d'un avenir ne relève pas de la philosophie, c'est une question politique, une question artistique, une question d'action. Il n'est d'ailleurs pas impossible que, à un niveau très abstrait, la question fondamentale aujourd'hui soit la contradiction entre la vision analytique et la vision dialectique, et ce, quel que soit le champ existentiel considéré.

Dans la philosophie en tout cas c'est absolument clair. Cette contradiction a parfois été appelée la contradiction entre la philosophie continentale et la philosophie analytique, mais le problème est plus vaste et plus compliqué. La philosophie, après tout, n'est qu'un symptôme. C'est dans l'étendue entière de la pensée et de l'action qu'on retrouve cette lutte entre l'ouverture et la fermeture, entre la vision dialectique et la vision analytique. On le voit en politique. La guerre actuelle entre le monde dit occidental, sa démocratie chérie et le terrorisme religieux est particulièrement répugnante, parce qu'elle est une guerre entre deux formes de fermeture, entre la fermeture par continuation du présent et la fermeture par retour au passé. Mais, plus grave encore, ces deux fermetures ont en commun le fait qu'il n'y a pas de véritable avenir, pas de troisième possibilité. La véritable contradiction vient par conséquent de ce que la contradiction formelle, violente et absurde, est fondée sur une troisième possibilité qu'on a exclue. Ainsi nous assistons aujourd'hui à une sorte de guerre conservatrice. Et le plus sinistre, ce n'est pas seulement qu'il s'agit d'une guerre, mais qu'il s'agit d'une guerre entre deux visions aussi fausses l'une que l'autre.

Philosophiquement nous pourrions dire que dans cette guerre les deux positions sont analytiques, car c'est une guerre entre deux positions dont aucune ne représente une ouverture sur l'avenir. Toutes les deux sont de nature défensive et il ne s'agit nullement de la création de quelque chose de nouveau mais d'un choix entre un retour en arrière et une continuation. À cela nous pouvons opposer la position dialectique de la philosophie qui affirme la nécessité d'un nouvel avenir, à savoir que, dans le monde tel qu'il est, nous devons ouvrir la possibilité d'un autre monde, laquelle possibilité ne doit pas être une fiction mais une possibilité réelle. Il faut absolument s'élever contre l'affirmation trop répandue selon laquelle la philosophie ainsi que les positions politiques radicales ne sont finalement que des fictions, des fantasmes ou des absurdités. Des affirmations de ce genre font partie de la guerre, de la guerre idéologique, ce sont des instruments contre l'idée de la possibilité d'une nouvelle possibilité.

Notre problème philosophique n'est pas de proposer la nouvelle fermeture que serait une pure utopie, car une utopie n'est pas autre chose qu'une fiction fermée, donc un autre genre de fermeture. En effet, si vous dites que vous n'acceptez pas le monde tel qu'il est et que vous proposez la pure fiction d'un autre monde qui n'existe pas, qui n'est pas une possibilité pour notre avenir, vous restez dans la fermeture. Certes vous n'êtes ni dans la position conservatrice, ni dans la position obscurantiste, car vous proposez, en guise de futur, quelque chose qui, étant une fantasmagorie, n'est ni la continuation du présent, ni la nostalgie du passé, mais un bavardage inconsistant, sans rapport au réel. Or la question est celle de la possibilité dans le monde de quelque chose de *réellement* différent...

— Et c'est là, surgit soudain Xi La Pong, qu'il faut se souvenir de Mao : « Celui qui n'a pas fait d'enquête n'a pas droit à la parole. » Car le nouvel avenir doit être activement visible dans ce que nous saisissons du présent. En l'absence de cette visibilité obtenue par des enquêtes politiques au sein du peuple, c'est comme si la position dialectique était vide. Du coup c'est la victoire du camp analytique, ce qui signifie la fin de l'Histoire, asphyxiée par une sorte d'éternité de l'oppression et de l'injustice.

— Exact, ponctue Tocéras. Et bien avant Mao, souvenons-nous de Socrate. Comme vous le savez, Socrate a été condamné à mort parce qu'il a été accusé de corrompre la jeunesse. Mais que veut dire « corrompre la jeunesse », sinon précisément lui apprendre que la sécurité n'est pas le vrai désir de l'humanité, et lui proposer une vision dialectique, qui assume une part de risque, de hasard, d'incertitude, qui préfère le désir de différence à la demande très puissante d'uniformité, de continuation pour la continuation ? La corruption philosophique manifeste que la philosophie est une pensée guidée par un nouveau désir, un désir différent de tous ceux que propose la domination contemporaine. La philosophie sert à ne pas se laisser prendre à l'opposition guerrière, factice, désespérante, entre, d'un côté, la fausse « démocratie » occidentale, le règne, disait Marx, des « fondés de pouvoir du Capital », et de l'autre, les figures diverses de la violence réactive inefficiente, de la nostalgie du passé, de l'oppression instituée.

Nous nous en tiendrons là pour aujourd'hui.

# Le deuxième jour

En ce matin brumeux du deuxième jour, dans le moulin presque invisible au bord de son propre murmure, Tocéras commence avec une sorte de violence inhabituelle :

— Mais oui, mais oui ! Nous pourrions ici demander : Y a-t-il eu de la philosophie dans l'ancienne Chine ? ou dans l'Afrique d'avant la colonisation ? Ou même, y avait-il de la philosophie en Grèce avant Socrate, Platon et Aristote ? Poser cette question, c'est entrer en guerre. Qui ici va jouer le rôle du progressiste que la question elle-même révulse ?

Delphine Isamuta lève énergiquement l'index de sa main gauche. La guerre, ça, elle connaît : son visage serré en porte la promesse, et son style martelé en confirme le goût :

— Si vous posez cette question, c'est que vous supposez qu'on peut y répondre négativement, sinon vous êtes un imbécile, qui ne voit pas où est l'évidence. Mais si vous supposez qu'il est admissible de supposer qu'il n'y avait pas de philosophie dans l'Afrique d'avant la colonisation, vous supposez en fait qu'il y a quelque chose qui manquait dans la culture africaine avant la colonisation. Et si vous ajoutez, toujours une supposition, que ce qui manquait dans cette culture existe bel et bien dans la vôtre, vous êtes en flagrant délit de complexe de supériorité coloniale.

Alors Tocéras, en souriant :

— Parfaite déduction ! Qui maintenant va jouer le rôle du modéré, qui, au moins en public, concède qu'il doit y avoir de la philosophie partout ?

C'est le paisible Glauque qui se dévoue :

— Il y a dans l'Afrique précoloniale, tout comme dans la Chine ancienne, quelque chose comme de la philosophie, même si ce n'est pas exactement la même chose que ce que nous appelons ainsi, car nous devons reconnaître qu'aucune culture ne peut être décrite à l'aide de prédicats de manque pur et simple, ou d'infériorité. Il n'existe que des différences qualitatives, lesquelles n'impliquent aucune hiérarchie de valeur.

Alors Tocéras, après avoir toussé :

— Merci Delphine, merci Glauque. Ma réponse sera différente des vôtres. Je peux pour ma part affirmer que, dans l'Afrique précoloniale, voire dans la Chine ancienne, il n'y avait pas du tout de philosophie, sans me sentir coupable de colonialisme culturel, et à vrai dire sans me sentir coupable de quoi que ce soit.

— Mais avez-vous le moyen de prouver que vous avez raison de ne pas vous sentir coupable ? intervient la dure Delphine.

Et Tocéras de répondre, lentement, posément :

— Théoriquement, en disant que quelque chose manque dans une culture mais existe dans une autre, tout ce que vous faites, c'est de signaler qu'il y a une différence entre les deux. Plus généralement, si vous comparez entre elles deux cultures, il y aura toujours quelque chose qui manquera dans l'une et qui sera présent dans l'autre, précisément parce qu'elles sont différentes. Tandis que si tout ce qui existe dans une culture existe également dans une autre, cela signifie simplement que ces deux cultures sont des variations sur le même thème. Exiger que tout ce qui est dans une culture existe dans toute autre, cela revient à déclarer qu'il n'y a qu'une culture planétaire. L'expression « une autre culture » perd tout sens. Nous sommes alors dans une sorte d'impérialisme abstrait, et…

— « Impérialisme abstrait », dit Xi La Pong en se levant, peut-être, mais c'est aussi un communisme réel ! Il existera, oui, il existera une culture de l'humanité tout entière !

— Oui, oui, possible ! se hâte de dire Tocéras, mais alors la possibilité qu'une différence institue une supériorité aura totalement disparu. En attendant, je voudrais montrer que « différence » et « hiérarchie » ne sont pas, en matière de culture, des désignations identiques. Pour transformer le constat du *manque* de quelque chose dans une culture 2 en une preuve de son *infériorité* par rapport à une culture 1 où cette chose existe, vous devez être en état de fournir une preuve de ce que la présence de ladite chose dans la culture 1 constitue une supériorité. Ainsi, nous pouvons affirmer sans hésiter que certaines choses manquent dans notre propre culture, si nous la comparons avec d'autres. Je ne prendrai qu'un exemple. Dans bien des cultures indiennes d'Amérique du Nord, vous trouvez des mythes qui témoignent d'une subjectivation extraordinaire des situations concrètes de la collectivité en question. Lévi-Strauss a pu affirmer que posséder de tels mythes constitue une sorte de supériorité de ces cultures indiennes par rapport à la nôtre, dans la gestion de toute une gamme de situations répertoriées. C'est vrai que nous ne possédons rien d'équivalent. Nous pouvons donc dire que ce type de mythologies, ou d'histoires, concernant les figures du destin collectif de tout un peuple, est absent de notre propre culture. D'accord. Mais en fait, rien d'étonnant à cela puisque notre culture est différente des cultures de petites tribus indiennes du nord de l'Amérique. Et il serait aisé de montrer que, bien sûr, des choses manquent dans lesdites cultures par rapport à la nôtre. Ainsi les différences entre cultures peuvent toujours être exprimées en déterminant les choses qui manquent dans telle ou telle culture. Mais, encore une fois, le constat d'un manque n'est aucunement identique au constat d'une infériorité. Le contraire peut fort bien se produire : l'antisémitisme manquait (en principe…) absolument dans la culture révolutionnaire et communiste, alors qu'il était un point clé de la culture nazie. Le manque, en la circonstance, était un indice important de supériorité !

À ce moment, B'adj Akil se sent convoqué à dire son mot :

— Dans des pays, ou des cultures, où l'on ne trouve pas de philosophie, il est tout à fait possible de montrer qu'il existe autre chose, avec des fonctions non identiques, mais comparables. Par exemple, il y a diverses formes de sagesse, de sagesse traditionnelle, qui diffèrent certes beaucoup de la philosophie, mais qui n'en représentent pas moins, souvent, quelque chose de précieux et d'unique. On va trouver plein de discours collectifs concernant la morale, ou le rapport au surnaturel. Il y a, il y avait, en Afrique, toutes sortes de convictions variées concernant la destination de l'existence, différentes organisations totémiques des collectivités. Ou encore des formes très diverses et très vives de relation à la nature, question, comme vous savez, devenue très importante aujourd'hui dans l'idéologie dominante occidentale.

Et John After d'embrayer, raisonnable porteur, lui, du relativisme anglo-saxon :

— Et nous pouvons aussi rencontrer des cultures qui sont en train de disparaître en raison de l'existence de la nôtre, laquelle, si gavée de philosophie qu'elle soit, peut se manifester comme une culture agressive et destructrice. Bref, on constate dans les cultures que bien des choses présentes dans d'autres cultures y sont absentes, et cela vaut également pour la nôtre, y compris à propos de la philosophie. Les cultures, c'est le domaine du relativisme, pas du tout celui de l'Absolu, et tant mieux !

Tocéras voit le péril d'un virage de la séance vers un débat prématuré concernant les prétentions absolutistes de la philosophie et des maîtres à penser, et il fait aussitôt redescendre la courbe de la discussion vers la solidité empirique de l'Histoire :

— Ce que nous pouvons dire de la philosophie, c'est qu'elle existe historiquement, c'est-à-dire qu'elle apparaît à un moment précis, dans des conditions particulières et une culture particulière, mais cela ne suffit pas pour dire que de ce seul fait cette culture est supérieure à d'autres. Il est beaucoup plus intéressant de se demander ce qui fait que la philosophie apparaît sous sa forme complète, en Grèce, en gros cinq ou six siècles avant J.-C., et je pense qu'on peut parfaitement l'expliquer. Je propose en effet de dire que pour que la philosophie existe, il faut que cinq caractéristiques, cinq réquisits soient réunis, or il se trouve que, par hasard, ils l'étaient en Grèce. J'y insiste, ce n'est pas un miracle, le « miracle grec », c'est un hasard. Il n'en reste pas moins que la philosophie a pu naître parce que ces réquisits existaient en Grèce simultanément. Nous allons voir quels ils sont.

Premier réquisit : acceptation d'une vision démocratique de toute affirmation normative. Tout philosophe produit des énoncés destinés, de façon explicite, à être examinés, discutés, critiqués, approuvés, anéantis, éternisés, tant par d'autres philosophes que par n'importe quel auditeur ou lecteur, avec pour seule condition que cet auditeur-lecteur donne des preuves d'une fréquentation effective de ce qu'il entreprend de juger.

La philosophie est une proposition intrinsèquement ouverte à la discussion. Quand un philosophe parle ou écrit, il sait que tout ce qu'il dit ou écrit sera discuté par d'autres, par d'autres philosophes, et finalement par quiconque le désire, car chacun est libre de lire ses livres, chacun peut l'écouter s'il parle en public. Le philosophe en tant que tel n'est pas le garant de son discours, sa parole n'est pas protégée ou validée par son rang. Il n'est ni un roi, ni un prêtre, ni un prophète. Ce n'est donc pas une position particulière ou une singularité absolue qui est la garantie de son discours, lequel n'est pas non plus prononcé dans une enceinte sacrée qui lui serait réservée. Il est possible que le philosophe dise quelque chose de vrai, ou de très intéressant, mais cela nous ne le saurons qu'à la suite d'une fréquentation effective de ce qu'il a écrit ou dit, et non pas en raison de ce que le philosophe est philosophe.

Bien entendu, certains philosophes peuvent utiliser cette position et transformer quelque peu la disposition dialogique et universaliste de la philosophie.

Il peut y avoir un effet de transfert, au sens psychanalytique du terme, et une certaine position d'autorité peut jouer un rôle *via* la fascination du disciple pour le Maître. Nous, les philosophes, avons tous l'expérience de cette contraignante figure du disciple. J'y reviendrai : le disciple est à la fois, pour le philosophe, une ressource et une calamité. Mais nous savons aussi que là n'est pas l'essence de la philosophie. La philosophie est définie non par la fascination qu'elle peut exercer, mais par la discussion qu'elle engage. C'est bien pourquoi la forme du dialogue est la forme qu'elle emprunte dans l'œuvre d'un de ses grands fondateurs, le nommé Platon. Platon utilise cette forme pour que la construction philosophique exhibe elle-même ses adversaires possibles, contrôle le zèle prématuré des disciples, affronte la contradiction, et fournisse des preuves de ce qu'elle avance. Naturellement, ces preuves peuvent parfois ressembler à de fausses preuves. Elles peuvent être légèrement arrangées afin que la discussion prenne un tour agréablement théâtral. Mais la norme reste celle d'une discussion argumentée, qui construit le partage d'une conviction, et les dialogues sont eux-mêmes la preuve que tout, dans la philosophie, est exposé à la discussion.

Clésacalli, qui est depuis peu entré dans le moulin, ne supporte pas de se taire une minute de plus. Oui, oui, on va le discuter, le philosophe, si c'est ça qu'il veut. Il se lève, Clésacalli, il attend un peu, puis il saute sur un bref silence de Tocéras, il s'en empare, il légifère, il est le fort Clésacalli, on ne la lui fait pas :

— Allons donc ! Le philosophe que tu es est connu du peuple ignare comme quelqu'un qui enseigne la vérité ! Les petits jeunes se précipitent à ton cours pour courir le Vrai comme ils courent les jeunes filles au nom du Beau ! C'est ta fonction, c'est ton nom, ta réputation de philosophe qui font qu'on croit, ou qu'on fait semblant de croire, que tu dis la vérité !

Alors, Tocéras :

— Tu me manquais, fidèle Clésacalli ! Même toi, tu sais que je vais dire la vérité de ton propre dire ! Car c'est toi qui viens au discours comme à la parade, comme un éloquent serviteur de tout utile bla-bla-bla ! Toi qui as un nom en quelque sorte professionnel, le nom de sophiste ! Tu sais très bien que tu vas te faire payer pour enseigner aux jeunes gens à devenir des baratineurs capables d'embobiner de riches ou puissants personnages, et d'en tirer un raisonnable profit ! Combien on te donne ?

C'est encore John After qui, en bon Anglais, sait répondre à cette question de nature économico-financière :

— 1 250 francs les deux heures de cours sur comment plaider n'importe quelle cause susceptible, à terme, de faire plaisir, et en particulier de rapporter de l'argent. Je le sais, je l'ai fait…

Et alors, souriante, Diane Thijud intervient :

— Tu prenais sans doute un cours de séduction ! Une question de cours pour le bac de terminale : « Comment convaincre une demoiselle alors qu'elle n'en a pas envie ! »

Tout le monde rit, sauf Clésacalli et John After. Tocéras ne fait que sourire, et enchaîne aussitôt :

— Ce que notre cher sophiste Clésacalli sait, mais tente de n'avoir pas à concéder, c'est que la philosophie adopte, sur la question de la vérité, une position opposée à la conception selon laquelle la garantie de la vérité relève de la position de celui qui parle, roi, prêtre, chef, ou prophète, ou finalement Dieu. Oui, la philosophie a pour ambition principale de dire la vérité sans occuper pour cela la place de Dieu, ou de l'un de ses équivalents terrestres. Le prophète parle parce qu'il est une sorte d'interprète de la parole divine, le roi, parce qu'il a le pouvoir de vie ou de mort, et le prêtre, parce qu'il est un professionnel des croyances sacrées. Le philosophe, lui, ne parle que parce qu'il est en mesure de produire des arguments concernant ce qu'il avance. Autrement dit, la philosophie est une libre – au sens social du terme – détermination de la pensée.

Nous pouvons donc en conclure que la philosophie est définie par l'absence d'un lieu ou d'un livre sacré, qu'elle consiste entièrement en arguments et dans la libre détermination de la pensée. En ce sens, la démocratie, au sens large, est une condition de la philosophie. En tout cas il est certain que la philosophie ne peut pas apparaître, et surtout pas commencer, dans un contexte où la notion de vérité n'est pas complètement détachée d'une figure du pouvoir. Faire dépendre la vérité du pouvoir revient à interdire la philosophie. C'est pourquoi je comprends le mot « démocratie » non pas dans le sens d'une organisation de l'État, avec des partis et des élections, mais, dans un sens plus général, comme la disjonction entre la vérité et le pouvoir. La philosophie ne peut alors naître que dans un contexte démocratique, telle est la première condition. Et comme vous le savez, du point de vue politique, la démocratie est une création de la société grecque. Ce qui éclaire largement le fait que la philosophie proprement dite a fait son apparition dans la Grèce antique. D'où la conclusion suivante :

Le deuxième réquisit dialectise le premier, qu'on peut appeler la liberté de pensée. Car la liberté de pensée suppose l'existence de son contraire : une loi de la pensée partagée par tous. On pourrait dire que la première condition est bien une sorte de liberté sauvage, tandis que la seconde, en tant que condition qui doit rendre possibles la discussion, les arguments et les preuves, ne va pas dans la direction de la liberté mais dans la direction de la loi, et donc de ce à quoi il n'est pas possible de se soustraire. Il est en effet impossible de discuter d'une proposition, ce qu'exige la démocratie, sans qu'existe une loi, commune au philosophe et à son interlocuteur, et définissant ce qu'est une discussion rationnelle, et donc ce qu'est un argument universellement valable.

Tocéras se tait un instant, et Clésacalli meuble ce silence :

— Pardi ! Vous vous redonnez de la main gauche ce que vous avez refusé de la main droite ! Votre fameuse démocratie va bien pour dire ce qu'on veut, mais si ça ne vous plaît pas, alors le ciel se couvre de nuages ! Il faut le parapluie des lois, des règles, de tout un bazar oppressif ! Moi je vous dis : le citoyen libre est celui qui dit au philosophe, tout crûment : « Ce que vous avez dit ne vaut pas un clou. » Et envoyé, c'est pesé !

Comme si elle était en la circonstance l'aide de camp du Maître, Amantha monte en ligne avec son ordinaire et exterminatrice amabilité :

— Bien sûr, Monsieur Clésacalli, il peut toujours se faire que quelqu'un dans votre genre réponde au philosophe, tout simplement, que ce qu'il dit n'est pas vrai. Mais quiconque réfléchit une seconde voit aussitôt que s'il se borne à ça, s'il n'avance pas un argument critique de ce que le philosophe a dit, ce n'est pas une discussion, au sens démocratique du terme, c'est une variante verbale d'une situation sans loi, d'une situation de guerre civile des pensées. Donc, pour qu'existe une discussion démocratique, il est obligatoire qu'existe une loi, acceptée par tous, qui régit cette discussion. Autrement dit, si l'on veut une discussion paisible – car la philosophie ce n'est pas la guerre –, il faut qu'existent des lois de la pensée, auxquelles la discussion doit obéir. La guerre civile surgit quand on discute du pouvoir, des décisions à prendre, sans aucune loi commune. Dans ce cas il ne reste plus qu'à se battre pour remporter la victoire. En philosophie c'est pareil, s'il n'existe pas de conception commune de la rationalité, il est impossible d'exposer une proposition philosophique à la discussion collective. Il faudra imposer les choses par la force…

— Eh oui, conclut Tocéras, faute d'une loi, il faudra que l'emporte le tonnerre vocal de Monsieur Clésacalli.

Il y a alors un temps de silence, une sorte de méditation collective, si silencieuse qu'on entend de nouveau le murmure de l'eau à proximité du moulin. C'est Xi La Pong qui monte à l'assaut :

— Puis-je tenter de résumer où nous en sommes ?

— Bien évidemment, Monsieur Xi, allez-y ! le champ est libre, dit fermement Tocéras.

— Je vois les choses comme ça : la discussion est uniquement possible s'il existe un cadre logique commun, une logique commune, car l'argumentation se fonde non sur la valeur intrinsèque d'une proposition, mais sur les conséquences de vos propositions ; vous affirmez quelque chose, et l'affirmation qui suit doit être la conséquence de cette première affirmation. Mais passer de la première affirmation à la seconde, qui en est la conséquence, est possible uniquement s'il existe quelque chose comme une loi logique, qui se présente comme la preuve, ou la conviction, que la seconde affirmation est la conséquence de la première. On trouve inévitablement quelque chose de ce genre dans le contexte des controverses philosophiques. Pour proposer à quelqu'un de passer d'une première proposition (P1) à une seconde proposition (P2), il faut obligatoirement qu'il y ait de P1 à P2 un passage rationnel, une transition rationnelle. Et nous devons en outre supposer, et finalement vérifier, que votre interlocuteur, qui peut être votre adversaire, partage néanmoins votre propre conception de la rationalité. Ainsi, pour que chacun puisse participer à la discussion philosophique il est nécessairement requis qu'existent un cadre logique commun et une loi commune de la rationalité.

Nous avons donc, pour que la philosophie existe comme processus collectif, deux réquisits bien différents. Le premier est la liberté de penser et le second une sorte de discipline, d'ordre, de logique, qui résulte exclusivement d'une rationalité communément admise. À un niveau tout à fait élémentaire, liberté et logique, ainsi que leur combinaison – liberté absolue en un certain sens et logique absolue dans un autre sens –, dessinent une sorte de cadre culturel. Vous le savez tous, car, lorsque vous lisez de la philosophie, vous retrouvez toujours ces deux axes et leur combinaison. Certains philosophes peuvent bien proclamer que, ultimement, il n'y a pas de limite, que la liberté est absolue, mais en réalité c'est totalement impossible parce que la liberté, dans la véritable exposition de soi-même à un autre, doit forcément assumer l'idée d'une loi commune. Ainsi une philosophie se présente toujours comme une très étrange mixture entre liberté totale de l'expression et pouvoir absolu d'une loi logique. Bien sûr il ne s'agit nullement du pouvoir absolu au sens politique, celui d'un souverain, mais d'un pouvoir absolu immanent, reconnu par la liberté de pensée elle-même. En l'absence de ce mélange dialectique entre liberté et détermination absolue (au sens logique du terme) aucun discours philosophique n'est possible.

— Rien à rajouter ! s'écrie Tocéras, admiratif. Et c'est pour la raison que vous dites que la philosophie apparaît en Grèce, aux alentours du Vᵉ siècle, avant que naisse ce noble coquin de Jésus-Christ. De fait, c'est en Grèce que, pour la première fois dans l'histoire, surgit, *via* les mathématiques, une représentation stable de ce que c'est qu'une preuve. Une preuve, c'est la matérialisation, l'écriture explicite, de l'idée suivante : nous sommes en état de vérifier que la proposition P2 est vraie en nous appuyant strictement, et uniquement, sur le fait qu'elle est une conséquence de la proposition P1, dont nous savons déjà qu'elle est vraie. Tout repose évidemment sur une certaine absoluité de l'idée de conséquence, et là est l'invention formelle des penseurs grecs. Il s'agit bien d'une invention, et cette invention prend place à un moment et en un lieu bien définis : le moment grec des mathématiques, lequel comprend des preuves dans au moins deux domaines, celui des nombres, l'arithmétique, et celui des figures, la géométrie.

Il serait inexact de dire que les Grecs ont inventé les mathématiques en général, car nous trouvons des rudiments d'arithmétique, de considérations exactes sur les propriétés des nombres entiers, dans d'autres cultures. Ce que nous pouvons dire en revanche, c'est que c'est bien en Grèce ancienne qu'ont pris naissance les mathématiques démonstratives. J'entends par là l'idée que toute proposition mathématique, sauf quelques axiomes aussi évidents que possible, doit être accompagnée d'une preuve.

Du coup, et je demanderai une pause après cette conclusion éclatante, si la première condition de la philosophie c'est la démocratie, la seconde ce sont les mathématiques. Deux choses bien différentes, car à vrai dire les mathématiques ne sont pas particulièrement démocratiques. En mathématique on dit souvent qu'il faut « obéir à la loi ». C'est même une des raisons qui font que les mathématiques sont très difficiles. Dans un certain sens les mathématiques représentent une extraordinaire créativité de la pensée, mais dans un autre sens elles imposent la souveraineté de la loi, l'absolue souveraineté de la loi logique. Cette conjonction de l'invention créatrice et de la puissance de la loi, absolument indispensable pour la philosophie, c'est dans l'activité mathématique en Grèce ancienne que nous en trouvons l'origine.

Là-dessus, conclut Tocéras, reposons-nous un peu.

Et il allume une cigarette, signal classique d'un brouhaha dans la salle, couvrant de son insipidité le murmure des eaux. Quand cigarette et bruissements variés se sont apaisés, il reprend son cours, sans se soucier le moins du monde de rappeler où on en est :

— Le troisième réquisit c'est la possibilité de l'universalité. L'universalité est le nom de l'idée selon laquelle tout le matériel de la pensée, affirmations, conséquences, discussions, réfutations, hésitations, certitudes, tout cela est adressé à tout un chacun sans restriction. Et il existe un important passage de Platon sur ce point. Dans le *Ménon*, Socrate désire prouver que tout le monde a la possibilité d'accéder aux idées fondamentales. Pour ce faire, il s'adresse à un esclave, parce que, dans la Grèce antique, un esclave est l'exemple de quelqu'un qui, en un certain sens, est hors de la société, quelqu'un avec qui les citoyens ordinaires n'ont presque rien en commun. Cette discussion incongrue avec le rebut de la société va établir une double preuve. D'abord, celle d'un problème de géométrie, et donc la preuve d'une certaine vérité. Ensuite, *via* la compréhension par l'esclave de ce problème, la preuve que, étant capable d'accéder à de complexes vérités mathématiques, l'esclave, au niveau de la pensée en tant que telle, est absolument l'égal de quiconque. Le troisième réquisit de la philosophie est l'affirmation égalitaire.

— En route vers l'abolition de l'esclavage ! affirme alors, plein d'enthousiasme, B'adj Akil.

— Attention, rétorque Tocéras, ce n'est pas un argument de nature politique. La conclusion de Socrate ne porte absolument pas sur l'abolition de l'esclavage ou sur la liberté pour tous. C'est la démonstration, purement philosophique, utilisant au passage une vérité mathématique, de l'absolue égalité des êtres humains sur le plan de la pensée pure. L'esclave est ici le représentant de l'humanité en tant que telle, le représentant de sa partie générique, précisément parce qu'il n'occupe aucune place particulière dans la société. Finalement, il n'y a, socialement, rien de commun entre Socrate et l'esclave, mais intellectuellement ils sont des égaux, en ce que tous les deux sont des êtres humains identiquement capables de penser. Cela a été – et cela reste – un moment fondamental dans l'histoire de la philosophie, parce que c'est l'affirmation qu'un argument rationnel peut être proposé à n'importe quel sujet humain, et compris comme tel par lui. Platon a été souvent accusé d'être un penseur aristocratique, et…

— C'est bien vrai, ça ! coupe Xi La Pong. Dans le manuel de philosophie des Russes, au bon vieux temps de Staline, Platon était défini comme « le philosophe des propriétaires d'esclaves » !

— Il est bien plutôt, lorsqu'il nous montre un Socrate discutant de mathématiques avec un esclave, le seul à mettre en scène le fait que la philosophie s'adresse à tous, sans aucun préjugé de classe. C'est ça l'universalité philosophique, et le *Ménon* en présente une preuve théâtrale. Cette égalité philosophique est constituée de deux termes.

— Toujours vos divisions binaires, sourit Diane Thijud. Après quoi vous vous plaignez qu'on vous fasse tenir tout entier dans l'opposition fictive entre un monde réel et un monde des idées, toute l'histoire du Sensible et de l'Intelligible !

— Eh bien, sourit à son tour Tocéras, en se penchant vers Diane, quand on se défend il faut aussi savoir se servir de tout ce que l'ennemi prétend que vous avez dit, et qui n'est pas obligatoirement faux ! Dans le cas qui nous occupe, l'égalité philosophique, c'est bien vrai qu'elle comporte deux termes, et c'est bien vrai aussi que le premier terme est plus idéaliste – dirait l'ami Clésacalli ici présent et bizarrement muet – que le second. Parce que ce premier c'est le concept de vérité. Qu'est-ce, empiriquement, qu'une vérité ? Une vérité est un énoncé qui, quant à sa valeur, n'entretient aucun rapport avec le statut social (esclave ou propriétaire, prolétaire ou bourgeois), les identités nationales (pays ou langues), ou encore les déterminations corporelles (couleur ou sexe). Chacun est égal devant une vérité, chacun peut reconnaître une vérité quand il la rencontre, comme fait l'esclave qui rencontre, *via* Socrate, la vérité géométrique quant à la longueur de la diagonale du carré. Et le second terme de l'égalité philosophique, c'est l'existence de la pensée, en tant justement qu'elle est cette part de l'être humain en général qui peut avoir accès aux vérités. La pensée est au fond la détermination fondamentale de l'être humain comme tel. Elle est la partie générique de l'être humain, celle qui outrepasse tous les supports particuliers. On pourra dire aussi : tout individu particulier est, *via* sa généricité – qui est aussi son humanité –, le support possible d'une universelle pensée du vrai. On conviendra d'appeler « sujet » tout ce qui, en chacun, outrepasse sa singularité d'individu.

On peut parfois penser que l'histoire de la philosophie est une suite de ruptures, un amas anarchique de « systèmes ». Mais finalement, à travers toute son histoire, nous retrouvons cette corrélation fondamentale entre vérité et sujet, qui est finalement la corrélation entre ce qui est universel et ce qui est le sujet de cette universalité.

À cet instant précis, Diane Thijud se sent en état d'objecter :

— Alors la philosophie doit être quelque chose de rare. Peut-être même qu'elle n'existe pas. Historiquement, dans de nombreuses cultures, à mon avis dans toutes, il a existé, et il existe encore, une tendance dominante, qui revient à croire qu'un vrai être humain est quelqu'un qui appartient à cette culture, et que quiconque ne partage pas cette même culture n'est pas exactement un être humain. Pour les Grecs eux-mêmes, la question que vous posez à travers le seul Platon est en réalité un peu obscure. Pour les anciens Grecs il y avait d'un côté les Grecs et de l'autre les barbares, ce qui laisse supposer que pour eux, très probablement, pour être un être humain – ce que vous appelez la pensée, ou le générique – il fallait surtout être un Grec ! Disons qu'un sujet, c'était un Grec, les autres, les Égyptiens ou les Perses, devaient se contenter d'être des individus !

Et voici que B'adj Akil se lance dans la mêlée :

— Et comment ! Et y a pas que les Égyptiens ! Encore aujourd'hui, en France, un migrant, un gars qui vient travailler dur dans les usines de chez la France, eh bien, il est pas un vrai sujet, il est pas un vrai Français, et le proverbe serait plutôt à propos du sujet : « Si t'es pas d'ici t'es louche, et si t'es louche t'es pas un Français de souche. »

— Mais, objecte Amantha, ça, c'est la réaction, c'est les antiphilosophes en goguette ! C'est eux qui ne sont pas des sujets ! Le vrai sujet, il n'a pas de souche, puisqu'il est générique, ce qui veut dire sans genre !

— Mais, dit Clésacalli en se levant, peut-on exister sans genre, sans souche ? Votre philosophe me semble de plus en plus ressembler à un ange du Moyen Âge ! Ni genre, ni sexe, ni nation ! Des ailes pour papillonner, mais pas de racines pour se tenir droit sur la terre et la nation ! Il n'a ni nation, ni genre, ni couleur, le philosophe. C'est un ange qui bat des ailes pour masquer sa transparente inexistence.

— C'est que, reprend tranquillement Tocéras, elle est peut-être en effet angélique, la philosophie, ou tout aussi bien diabolique, parce qu'elle est toujours, en un certain sens, au-delà des lois de toute culture donnée. Et une fois de plus, cette idée que la philosophie crée un sujet transnational, nous allons la trouver chez Platon, chez qui elle prend une forme frappante et bien connue : la philosophie, c'est la corruption de la jeunesse. Raison pour laquelle le tribunal athénien a condamné Socrate à mort.

Et alors, Clésacalli :

— Mais que viennent faire jeunesse et corruption dans la pureté mathématique, je dirais plutôt le jargon obscur, dans lequel la philosophie se vautre ?

Ici, Tocéras se sent obligé de prendre la parole, non sans quelques accents bien sentis :

— Tu devrais le comprendre, toi qui les fréquentes pour de bon, les jeunes des bandes et des coups fourrés ! Pourquoi la philosophie peut-elle être accusée d'être corruptrice ? Précisément parce que pour elle il y a quelque chose de plus important que les lois de la société, de plus important que les lois de quelque culture particulière que ce soit, et notamment, dans le monde où nous sommes, celui de la dictature planétaire du capital, quelque chose de plus important que l'argent, que le rang social et que la consommation. Il n'y a là aucune négation de la culture, ni des particularités, mais seulement l'affirmation que quelque chose existe qui se situe au-delà de toute particularité, de toute identité. Comme vous le savez probablement, c'est là le sujet de la grande tragédie de Sophocle, *Antigone*, dont l'idée centrale est qu'il existe des lois qui se situent au-dessus des lois de la cité, au-dessus des lois du pays. Cette tragédie fait en ce sens absolument partie des conditions de la philosophie, parce qu'elle est l'affirmation qu'il y a quelque chose de plus important que la particularité de telle ou telle culture, de telle ou telle situation politique, quelque chose qui se tient au-dessus des lois, et qu'on peut appeler « vérité ». Antigone représente une nouvelle égalité, une égalité entre les êtres humains génériques, les sujets, et pas seulement entre les citoyens d'un pays donné. Vérité et Sujet, ces deux idées corrélées, que l'on peut réunir sous le mot d'universalité, constituent le troisième réquisit pour l'existence de la philosophie.

Tocéras semble fatigué, ou conscient d'une sorte de lenteur indépassable de son exposé. Il s'arrête un instant et s'éponge le front avec son mouchoir, ce qui suscite l'inquiétude féminine de Delphine Isamuta :

— Nous pouvons en rester là, vous savez. Rien ne nous presse.

— Ah, répond le Maître, comme votre voix est douce ! Mais je dois quand même en finir avec ces satanés réquisits. Bon. En marche.

Le quatrième réquisit est en rapport avec les problèmes de langue. Et par conséquent avec le troisième, l'universalité. Nous avons déjà mentionné ce problème et nous avons dit que la philosophie ne pouvait pas entretenir une relation exclusive avec une langue particulière. En effet, si vous affirmez qu'une philosophie est par nécessité liée à une seule langue, vous perdez la complète liberté de pensée, la possibilité d'exposer une proposition à des jugements opposés, publics, chose dont nous avons montré qu'elle était constitutive de la philosophie. Sous la pesanteur d'une langue prétendument prédestinée, la philosophie est d'entrée de jeu complètement refermée sur elle-même. Bref, en philosophie, aucune langue ne peut être considérée comme sacrée. Il n'existe aucune langue propre à la philosophie.

Ce principe admis, se pose une autre question. Qu'est-ce qui caractérise le langage philosophique ? De quoi est-il fait ? Comme nous allons le voir, la réponse à cette question est un peu étrange.

D'un côté le langage philosophique est rationnel, il comporte des discussions, une argumentation consistante, des preuves. En ce sens il est très proche du langage mathématique. Cette proximité est manifeste dans toute l'histoire de la philosophie. *L'Éthique* de Spinoza, par exemple, est écrite sous forme de propositions, de définitions, d'axiomes, elle est écrite – c'est ainsi qu'on la désigne classiquement – en forme géométrique. Vous retrouvez quelque chose de cet ordre dans le *Tractatus* de Wittgenstein et dans les écrits logiques d'Aristote. Dans toute l'histoire de la philosophie nous rencontrons un langage formel ou à tout le moins proche d'un langage formel.

Mais dans cette même histoire nous trouvons le contraire, à savoir la possibilité que la philosophie s'exprime dans le langage de la poésie. C'est le cas chez Lucrèce, dans son *De la nature*, mais également chez Platon, qui a fréquemment recours aux mythes grecs, lesquels sont incontestablement de nature poétique, avec des images, des métaphores, des fictions. Comme en témoigne l'histoire de la philosophie, le langage philosophique se situe entre deux possibilités, entre le langage formel mathématique et le langage poétique avec ses images et ses métaphores. Si vous lisez Nietzsche, par exemple, vous trouverez des poèmes, des images et des choses même assez proches d'une prophétie, tandis que si vous lisez Spinoza c'est tout le contraire.

Tout ça est assez étrange en vérité. Comment la philosophie peut-elle exister dans deux langages aussi différents ? Notez bien qu'il est impossible de l'obliger à faire un choix entre les deux. Et ce mélange existe depuis les origines de la philosophie. Chez Platon, par exemple, vous allez trouver de longs passages de pure argumentation, avec des discussions très précises sur les mots et les définitions, et puis vous allez trouver le contraire, d'étranges histoires, à propos de contrées qui n'existent pas, des mythes bizarres, des visions obscures. Disons-le tout net : le langage philosophique est indéfinissable, il est impur. Je dirais même que ce langage est *essentiellement* impur.

— Honnêtement, remarque alors John After, que ces considérations langagières déconcertent, n'est-ce pas souvent de cette impureté que résulte la grande difficulté qu'on peut avoir à lire de la philosophie ? Car, franchement, à force d'être impure, la langue philosophique peut tourner au jargon ! Vous pouvez passer de paragraphes qui sont de longues démonstrations très difficiles à des formules sinon poétiques, du moins qui prétendent l'être. Vous pouvez tomber, après de redoutables et interminables abstractions, dans des considérations très concrètes, quasiment triviales. Dans la *Phénoménologie de l'esprit* de Hegel, que j'ai eue au programme l'année dernière et dont mon prof m'a garanti que c'était un pur chef-d'œuvre philosophique, les derniers mots des 600 pages sont une citation de deux vers de Schiller !

— Et pas un rien prétentieux, intervient Clésacalli, je cite :

« Du calice de ce royaume des esprits
Écume jusqu'à lui sa propre infinité. »

— Oh oh ! gémit Xi La Pong, écœuré de ce qu'on maltraite ainsi le grand Hegel, le maître de Marx.

— Laissons là l'impureté propre à Hegel, conclut Tocéras. Elle consiste à parler de tout, si possible dans tous les types de langue ! En fin de compte, cette situation langagière est une condition pour qu'existe la philosophie, et nous devons accepter que son langage soit absolument impur. En règle générale il existe une forme de classification des langages ; on distingue ainsi des langages poétiques, mathématiques, politiques... En philosophie, en revanche, nous devons accepter que tout soit possible. Finalement l'invention de la philosophie c'est également l'invention de quelque chose qui va au-delà des formes normales du langage, au-delà des classifications et des différences. En philosophie nous pouvons passer des mathématiques à la poésie, et de la poésie à la rhétorique politique ou aux déclarations suaves de l'amour, ce qui est absolument paradoxal ! Il subsiste pourtant à l'intérieur même de cette impureté, de ce mélange paradoxal, quelque chose qui constitue une réelle communication, une réelle transmission.

— Cependant, objecte Glauque, la forme universitaire de la philosophie reste la dissertation en trois parties, dans le genre « thèse, antithèse, synthèse ». On ne vous invite nullement à vous égarer dans le tumulte créateur des langages disparates !

— Eh oui ! approuve Tocéras, cela explique pourquoi il y a eu, et en vérité il y a toujours, une contradiction entre la philosophie et l'université, entre la philosophie et le discours universitaire. Voyez la suspicion ironique avec laquelle Descartes parle des « Messieurs de la Sorbonne ».

— Et voyez aussi, lance Amantha avec fougue, l'accueil officiel chaleureux fait, au moment de la contre-révolution du début des années 1980, aux intellectuels qui rentraient dans le rang, qui passaient, à son de trompe journalistique, du maoïsme au capitalo-parlementarisme. On les a appelés « les nouveaux philosophes » précisément parce qu'ils saluaient paradoxalement les disciplines de l'ordre dominant.

— Je n'aurais pas osé aller si loin, mais, chère Amantha, votre exemple est tout à fait approprié. Nous ne parlons pas ici, s'agissant de l'université et de la philosophie, d'une contradiction empirique, mais bel et bien d'une contradiction fondamentale. Et cela, parce que le discours de l'université, pour parler comme Lacan, est un discours où les classifications jouent un rôle décisif. À l'université vous avez d'un côté les sciences, de l'autre les lettres, ou alors, en histoire, on va distinguer entre l'histoire contemporaine, l'histoire moderne, l'histoire antique, l'histoire du Moyen-Orient, l'histoire de la domination masculine, et ainsi de suite. Un des génies de l'université consiste précisément à inventer des classifications et spécialisations toujours nouvelles. Même la science se retrouve décomposée en différentes parties, vous avez ainsi la biologie cellulaire, l'écologie des hannetons, la zoologie des reptiles, la capacité intellectuelle des grands singes... Et au bout du compte, la philosophie elle-même est découpée en tranches, grâce à la particule « de » : philosophie de la politique, philosophie des sciences formelles, philosophie de la morale antique, philosophie des genres sexués, philosophie du temps qui passe, de la monnaie, de la peinture, de la santé publique, et même philosophie de la philosophie chinoise. Dans l'université classique, l'impératif majeur est : ne vous trompez pas en choisissant votre spécialité.

Rémi Glauque, qui parle le grec ancien comme le français ou l'anglais, entrevoit alors la possibilité d'une percée :

— Il faut quand même reconnaître que l'origine du discours de l'université est interne à la philosophie, car l'invention des classifications, au sens des classifications académiques, est une invention d'Aristote. On peut même soutenir que le génie d'Aristote est d'avoir créé le discours de l'université. Incontestablement, il a été le premier grand professeur. Il a distingué, avec une sorte d'élégance pataude, la logique, la métaphysique, la politique, la tragédie, l'économie monétaire, et ainsi de suite. Platon, lui, n'est pas un professeur, personne, dans ses dialogues, ne dit finalement ce que lui, Platon, pense réellement, et de quelle spécialité sa pensée relève. Quelle est la pensée exacte de Platon ? Où la chercher ? Elle est introuvable car elle n'est jamais définitivement attestée, on reste toujours dans une sorte de surprenante circulation de la discussion. Et après tout, qui est Platon ? Dans tous ses livres, c'est quelqu'un d'autre qui parle, Socrate, évidemment, mais aussi un étranger, ou Thrasymaque, ou Protagoras. Ou le général Lachès, ou des petits jeunes avides d'écouter l'oracle… C'est un véritable théâtre ! Ainsi, comme signe d'une impureté formelle indépassable, nous avons, dès les débuts de la philosophie, d'un côté le théâtre de Platon et de l'autre l'université d'Aristote.

John After ponctue cette péroraison à sa façon anglo-saxonne, toujours quelque peu sceptique :

— Vous nous dites en somme que la Grèce antique a inventé le langage de la philosophie, et du même coup l'inexistence de ce langage. Je dois reconnaître qu'inventer quelque chose qui n'existe pas, c'est particulièrement difficile !

Xi La Pong saute sur l'occasion :

— Bah ! Il a inventé Dieu, l'homme ! Il est spécialiste de ce qui n'existe pas, l'homme !

— Quel bon exemple ! se réjouit Tocéras. Arrêtons-nous un moment sur l'invention de Dieu. Si vous y réfléchissez, c'est quelque chose d'absolument extraordinaire, car inventer quelque chose de ce format, de cette importance, mais qui probablement n'existe pas, c'est une vraie création ! Comme vous le savez, pour le discours théologique c'est bien ainsi que Dieu a créé le monde : à partir de rien. Mais j'aurais quand même envie de dire que le plus grand exemple de création *ex nihilo* c'est la création de Dieu. C'est Dieu, bien plutôt que le monde, qui a été créé à partir de rien ! Parce que si Dieu existait, la création du monde ne serait pas un problème. Dieu est, par définition, sans limite aucune. Sa puissance est infinie, il a donc bien pu créer quelque chose à partir de rien. Le problème est plutôt de notre côté : comment nous, pauvres humains finis et mortels, pourrions-nous créer quelque chose à partir de rien ? C'est beaucoup plus difficile à concevoir que la création du monde par un éternel Tout-Puissant. Néanmoins c'est possible : Dieu lui-même en est l'exemple parfait. Car « Dieu », en tant qu'existence supposée et infinité sans bornes, est une création, une création *ex nihilo* ! Par qui ? Par les hommes ! C'est d'ailleurs une création très réellement et totalement venue du néant : il n'y a rien dans le monde qui puisse avoir servi d'exemple, rien qui ait pu servir de matériau, de substance à cette création. C'est donc une création négative, et rien ne prouve mieux le génie des êtres humains que leur capacité de créer quelque chose à partir de rien. En fin de compte, que Dieu crée quelque chose est nettement moins surprenant ! Dans le couple fatal Homme/Dieu, c'est l'homme qui est la vedette !

— Ce n'est pas sûr, ça, murmure Delphine Isamuta, qui n'a jamais renoncé à son christianisme poétisé. On pourrait aussi dire : puisque l'homme est par lui-même incapable de penser ou de créer quelque chose d'infini, c'est Dieu, lequel est l'Infini personnalisé, qui lui a fait don de l'Idée de Dieu, et de sa possible existence.

— Votre objection, Delphine, constitue l'une des preuves possibles de l'existence de Dieu, à savoir que sans son existence, nous ne pourrions jamais parvenir à affirmer, ou même à supposer, qu'il existe. Soyez certaine que nous reviendrons sur cette affaire.

Mais après cette parenthèse, revenons, la conclusion est en vue, à la philosophie.

Le cinquième et dernier réquisit de l'existence de la philosophie porte sur sa propre transmission. Le problème vient de ce qu'elle ne peut être réduite à un certain nombre de livres ou de textes écrits. Il y a toujours eu ce que j'appellerais une transmission physique de la philosophie. Cette transmission passe par le corps du philosophe, par sa voix, par sa présence. Dès les origines la philosophie existe doublement : sous la forme d'ouvrages écrits, oui, mais aussi par la présence vivante du philosophe, par sa vie corporelle. Une philosophie particulière est toujours assignée, comme l'œuvre d'art, à un individu réel. Du coup, la transmission de la philosophie implique un transfert, un peu comme l'amour, qui requiert la présence physique de l'autre. En philosophie, impossible de séparer la transmission et le philosophe. C'est pourquoi la philosophie se donne, dans son réel, comme une collection de noms propres, Platon, Aristote, Descartes, Spinoza, Kant, Hegel… Et ces noms sont incontestablement importants. Sur ce point, la philosophie ressemble à la poésie, avec Mallarmé, Stevens, Valéry ou Celan d'un côté, Husserl, Sartre, Heidegger ou Deleuze de l'autre. Et c'est précisément la différence avec la science, où l'on connaît bien sûr quelques noms propres, mais où il est très possible de faire sans. Dans la compréhension du « théorème de Pythagore », on peut oublier totalement Pythagore. En philosophie vous ne pouvez pas échapper aux noms propres, si vous parlez de Platon, eh bien, vous parlez de Platon.

— Mais alors, objecte B'adj Akil, la transmission de la philosophie n'est pas intégralement rationnelle. Elle comporte des fixations personnelles.

— Eh bien oui ! L'idéal de la philosophie est sans nul doute rationnel, car, nous l'avons dit et redit, le philosophe n'est ni un roi, ni un prêtre, ni un dieu, et ce qui est avancé est par conséquent exposé à la discussion, qui seule décide de ce qui est vrai à travers des arguments, des preuves. Mais la transmission de tout ça ainsi que la décision d'entrer dans la philosophie, dans une philosophie, n'est pas complètement réductible à un discours rationnel, parce qu'il y a ce supplément inabsorbable, qui est la présence du philosophe. De son corps, s'il est vivant ; de son style, de ses polémiques et des récits de sa vie s'il est mort.

Alors, John After se lève :

— J'ai un exemple dans ce sens, un exemple paradoxal, et donc très fort. C'est l'exemple de Derrida. Son œuvre est en partie une polémique contre la présence et un plaidoyer pour l'écriture, donc contre la voix. Selon Derrida, il y a dans la voix ou dans l'expression physique comme une illusion de présence, et donc la véritable transmission ne se fait que par l'écrit. Mais lui-même était physiquement très présent, plus présent que bien d'autres philosophes. Il était partout, parlait pendant des heures, et finalement son œuvre orale est bien plus importante que son œuvre écrite. Je ne dis pas du tout cela contre lui. Je donne ça comme une preuve, la preuve que nous ne pouvons échapper à l'existence physique du philosophe. D'ailleurs, immédiatement après la séquence grecque de la philosophie, ont paru de nombreux ouvrages sur les vies des grands philosophes. Dans la Grèce antique c'est devenu pratiquement un genre littéraire à soi tout seul. Ces livres étaient bien souvent des romans, de pures inventions, mais c'étaient des inventions concernant précisément la présence physique des philosophes, leurs biographies. La chose n'a pas disparu aujourd'hui et c'est le symptôme du besoin de ce supplément, le symptôme de l'idée que quelque chose a été dit par les philosophes qui ne se trouve pas dans leurs livres et que ce quelque chose est la véritable clé, le véritable secret, de ce qu'ils ont dit. Cela montre bien qu'il y a dans la transmission de la philosophie quelque chose qui ne peut être purement rationnel, quelque chose qui, d'une certaine manière, est efficace, matériel, physique, quelque chose comme un amour de l'autre.

— Certes ! approuve Tocéras. Mais il nous faut conclure, et reposer nos corps-philosophes ! La philosophie, dont le but est non seulement de provoquer une conviction rationnelle, mais aussi de créer un nouveau désir, doit également posséder une présence, qui n'est pas la seule présence d'un livre. Les livres sont certes importants, mais même les livres ne sont pas réductibles à des livres. Lire un livre de philosophie n'est pas réductible à l'étude des arguments présentés. Il y faut l'amour... Pour entrer en philosophie il faut quelque chose comme l'amour, il faut une sorte de corps parlant et pensant, un corps en marche constatable vers ce qu'il tient pour le Vrai.

— Y compris, conclut Clésacalli, qui semble jaillir d'un profond sommeil, s'il ne s'agit, en fait de vérité, que du réveil et de la nuit des corps.

Et tout le monde sort du moulin, le restituant à son murmure.

# Le troisième jour

La pluie crépitait sur le toit médiocre du moulin, ce moulin que les étudiants qui s'y rassemblaient appelaient « le taudis des concepts ». Quand il pleuvait, le bruit était si considérable qu'il fallait dresser l'oreille pour écouter aussi bien le Maître tranquille, Tocéras, que son opposant nerveux, Clésacalli. Heureusement que l'oreille des auditeurs, au début de chaque séance, pouvait s'habituer en captant peu à peu l'introduction cuisinée par Tocéras, laquelle n'était qu'une variation synthétique du cours précédent. Par exemple, aujourd'hui :

— La dernière fois j'ai dessiné les contours géographiques, historiques et humains d'un lieu où, par hasard, les cinq réquisits de la philosophie se sont trouvés réunis. Je donne ici l'éventail complet de ces réquisits, car je n'ai jusqu'ici insisté que sur les deux premiers : en politique, une forme de démocratie qui inclut en tout cas la possibilité, voire la nécessité, de la discussion publique des problèmes, et, en science, les mathématiques, qui introduisent la notion de preuve à valeur universelle. On doit ajouter, pour avoir un contour complet de ce qu'est la philosophie, la création artistique, incluant au moins un art qui convoque les masses, à savoir le théâtre, et enfin l'amour, y compris dans ses récits poétiques et souvent tragiques, l'amour qui donne l'exemple de ce que peut être la vraie dialectique entre le même et l'autre. Toutes ces conditions se sont trouvées réunies à Athènes, à partir de 400 avant J.-C., et pour une durée de deux ou trois siècles. C'est vraiment le début de ce que nous pouvons appeler la philosophie.

Après ce début, il n'y aura plus de réelle continuité de la philosophie, mais seulement une série de grands moments historiques de son existence. Et entre ces moments va prendre place ce qu'on peut appeler tour à tour la scolastique, la sophistique, l'académisme, ou encore la prétendue « philosophie » analytique.

— Tout de même, dit doucement Delphine Isamuta, c'est grave de mettre toute la philosophie analytique, donc tout l'appareil philosophique des universités américaines, dans le même sac que la sophistique. Parce que « sophistique », depuis Platon, c'est le nom de la négation de toute philosophie.

— La belle affaire ! s'exclame Xi La Pong. À bas l'impérialisme américain et tous ses serviteurs académiques !

— Voyez où vous les menez, ces jeunes ! proteste Clésacalli. Pour eux, la philosophie, ce sont des mots d'ordre et des fantasmes !

Pour une fois, Tocéras garde tout son calme :

— Laissons de côté pour le moment l'antagonisme entre Platon et les sophistes. Moi, j'appelle plus précisément « scolastique » l'idée que la philosophie est une collection de bons problèmes et de bonnes réponses. On trouve quelque chose de ce genre pendant toute la séquence médiévale, et également aujourd'hui dans la philosophie analytique, qui n'est au fond rien d'autre que la scolastique moderne ramenée, pour parler comme Lacan, au « discours de l'université ». La scolastique, au sens positif du terme, consiste en une série de problèmes stéréotypés et de réponses formelles, discutées collectivement, dans le monde tel qu'il est, et dans un espace délimité. Pendant le Moyen Âge cela avait lieu dans des monastères, où des religieux déployaient leur activité. Maintenant cette activité a pris place dans l'enceinte de l'université. Il y a en réalité beaucoup de ressemblances entre la scolastique, qui a régné pendant toute une partie du Moyen Âge et qui a créé du reste les établissements académiques, et la philosophie analytique qui domine aujourd'hui les universités américaines.

— C'est visible dès les Romains ! coupe Glauque. Pendant l'hégémonie romaine, on croit continuer la philosophie grecque, alors qu'on ne la comprend pas. Les conditions de la philosophie, dont on a parlé ici, ne sont pas réunies. Exemples : les mathématiques sont pratiquement inexistantes, et l'Empire balaie rapidement les embryons de démocratie. Sans politique populaire et sans science rigoureuse, vous ne pouvez plus comprendre ce qu'ont pensé les philosophes grecs.

— C'est bien vrai, clame B'adj Akil ! Les impérialismes militaires, c'est à tous les coups la fin de la vraie philosophie. Nous autres, en Afrique, on en sait quelque chose !

— Nous aussi, ici même, ajoute Delphine Isamuta. Lisez, ou du moins essayez de lire, les traductions en latin du phrasé philosophique que Platon invente. On ne reconnaît pratiquement rien, c'est un maquillage pompier de l'original.

— Vous avez en grande partie raison, arbitre Tocéras. Mais prenez garde, l'histoire de la philosophie n'est pas continue, elle est faite de grands moments. Et la traduction, à un moment, des textes d'un autre grand moment peuvent souvent patiner sur des différences conceptuelles majeures.

Diane Thijud, qui ne suivait la discussion que d'assez loin, semble tout d'un coup intéressée. La théorie de la discontinuité historique a éveillé son approche historienne de toutes choses :

— Combien de vos « grands moments » distingueriez-vous entre les Grecs anciens et nous, par exemple ?

Tocéras est assez embêté :

— Oh là là ! Voyons ça ! Laissons de côté l'origine grecque, dont on a déjà parlé, et le Moyen Âge évoqué, retissage chrétien d'Aristote. On pensera d'abord aux grands métaphysiciens du XVIIe siècle, comme Descartes, Malebranche, Spinoza ou Leibniz.

Ce siècle a été assurément un grand siècle de création philosophique, où le concept central est l'Un, lequel est une reprise abstraite du personnage religieux qu'est Dieu. L'Un, c'est le nom abstrait de Dieu.

Delphine Isamuta, qui est chrétienne, s'inquiète :

— Tout de même ! Quentin Meillassoux démontre que le Dieu de la métaphysique du XVII^e siècle n'était pas le Dieu de la religion. Le XVII^e siècle, sous la pression des sciences en plein essor, en particulier des mathématiques nouvelles et de la physique naissante, change peu à peu le Dieu de la religion en un Dieu de la métaphysique, de toute évidence un concept abstrait, clef de voûte du système du monde inventé par les philosophies. Bien sûr, pour les métaphysiciens de cette époque, Dieu était une obligation sociale soutenue par tout l'appareil d'État. Mais en fait, l'Un de la métaphysique n'avait pas grand rapport avec l'être vivant et agissant dont parlent Jésus ou Mahomet.

Et Amantha d'insister, d'autant plus fermement qu'elle n'est pas croyante :

— Tout à fait d'accord. Quand Pascal, qui s'y connaît en mathématiques, déclare que le Dieu de Descartes n'est pas le vrai Dieu, celui dont nous parle le christianisme, il a parfaitement raison. Le Dieu de Descartes est une abstraction mathématique requise pour démontrer la validité de nos connaissances, tandis que le Dieu de Pascal est vraiment le Dieu chrétien. C'est pourquoi du reste, alors que les philosophes du XVII^e siècle donnent tous de fort belles *preuves* de l'existence de leur Dieu, Pascal se contente des *témoignages* de l'existence du Dieu chrétien, du Dieu de la religion, à savoir le récit biblique et ses commentaires. Ou tout aussi bien le vif récit de Mahomet. Ni du Christ, ni du Père ou du Fils, ni du Dieu omnipotent des musulmans, nous ne pouvons avoir de dé-monstration, ni d'ailleurs de monstration. Ils ne peuvent être, ces dieux, que *racontés*. Or le geste fondamental de la métaphysique est de substituer la preuve à la foi, conçue comme récit auquel on croit. Ce qui rend possible que ce Dieu prouvé soit une sorte d'abstraction axiomatique plutôt que le héros dont des témoins – comme sont Jésus, le fils de Dieu, ou Mahomet, son prophète – racontent la glorieuse existence. Sous le nom philosophique « Dieu » s'abrite un concept plutôt qu'un existant, et ce, même si on « prouve » que ce concept « existe » au-delà de toute sensibilité vraie.

— Vous avez bien raison, toutes les deux, déclare avec emphase Clésacalli. Le Dieu de la métaphysique du XVIIe est tout compte fait un petit tour de force mathématique. C'est le cas pour Descartes, un très grand mathématicien, c'est le cas pour Leibniz, un mathématicien encore plus génial, et c'est le cas pour Spinoza, qui mathématise directement son texte métaphysique, en axiomes, démonstrations et théorèmes. Mais tout ça ne vaut pas grand-chose, après tout. C'est de la mathématique égarée, respectueuse de l'ordre religieux établi. Les libertins, qui du temps de Pascal affirment tout simplement que Dieu est une fiction, sont bien plus forts...

Et B'adj Akil, soudain levé :

— Bon bon, laissons pour le moment les libertins gauchistes régler leur compte aux mathématiciens universalistes. Il y a un cas spécial, que m'a révélé mon prêtre et professeur en Afrique. C'est le cas de Malebranche. Malebranche est un extraordinaire penseur, qui aurait voulu apporter la preuve de l'existence non pas du Dieu abstrait, de l'Un de la métaphysique, mais du Dieu chrétien en personne, de la rédemption par le Christ, du sacrifice du Fils de Dieu pour sauver l'humanité, et ainsi de suite. Malebranche est un philosophe baroque, au sens où son but est de transformer le christianisme, tel quel, en une philosophie à valeur universelle. C'est un échec complet, naturellement, personne sauf Malebranche ne peut y « croire » vraiment, mais c'est très intéressant, c'est une sorte d'œuvre d'art conceptuelle, un tableau philosophique. Ou un totem trans-métaphysique.

— Bon, dit Xi La Pong, on a cuisiné la philosophie dans son premier plat, les Grecs, puis dans son second plat, les Européens de l'âge classique. *Quid* de ce qui vient après ?

Et Tocéras reprend la main :

— Le troisième grand moment de la philosophie, après la Grèce antique et le XVII^e^ siècle, c'est la tradition allemande, nommée parfois « idéalisme allemand », celle de Kant, de Hegel, de Fichte et de Schelling. Cette fois le concept le plus important est celui de sujet. L'enjeu majeur est de construire une théorie complète d'un sujet humain dont la conscience est le centre, et cette théorie expliquera les capacités créatrices observables dans l'art, la politique, la science, et la morale. C'est là, en fait, la grande révolution opérée par Kant et sa descendance entre la fin du XVIII^e^ siècle et le début du XIX^e^. Après cela, vous avez un quatrième moment, très international, situable pour l'essentiel à la toute fin du XIX siècle et au début du XX^e^. C'est également un moment très intéressant, très novateur. Nous avons, avant ou juste après la Première Guerre mondiale, en Allemagne Nietzsche, Husserl et un peu plus tard Heidegger, en France Bergson, en Angleterre Russell et Wittgenstein... Dans l'ensemble on peut dire que les deux concepts les plus importants de la période, concepts en relation plutôt antagonique, sont d'un côté la vie, ou l'être-là de la conscience, de l'autre le langage et la structure des pratiques humaines.

Ainsi, d'une époque à l'autre, se produit un déplacement du centre de gravité de la pensée philosophique : Dieu, puis le Sujet-conscience, puis la vie et/ou la structure langagière.

Et finalement nous arrivons à ce que j'appelle les deux moments français : le premier moment, inspiré par la phénoménologie allemande, et dont le concept central est sans doute celui de liberté, prend place entre les années 1930 et les années 1960.

Les noms qui surnagent sont ceux de Sartre et de Merleau-Ponty. Le second moment oscille entre l'héritage complexe des périodes antérieures et une nouveauté qu'on peut dire « structuraliste », entre l'histoire de la vie et la structure de l'inconscient telle que Freud l'a dégagée, entre l'histoire de la politique et la structure des sociétés telle que Marx l'a mise en lumière. On y trouve Derrida, Foucault et Deleuze, comme aussi Lacan et quelques autres. Durant cette période nous assistons à la tentative de construire une philosophie dont les référents majeurs sont la structure, le sujet et la vie, mais sans Dieu. Et, sans aucun doute, le problème le plus difficile de cette séquence est de réussir la synthèse entre la structure et le sujet. Mais ce problème renvoie à un autre, qui est celui de l'universalité : si tout sujet est relatif à une structure singulière et si la transcendance divine est écartée, comment penser l'universalité d'une vérité ? En un sens, la relation entre vérité et sujet est précisément, en philosophie, le moment de l'universel. Mais ce processus, la construction philosophique de cette universalité, est toujours situé dans un monde concret, borné dans l'espace et le temps. En outre, ces constructions sont en général de très brèves séquences de l'histoire, et nullement de grandes constructions permanentes. C'est que, comme je l'ai soutenu, l'universalité philosophique est sous condition de la production simultanée, en un lieu, de vérités singulières. Il faut alors se demander comment il se fait que quelque chose d'universel puisse surgir précisément dans un lieu qui propose des conditions très particulières.

Clésacalli, qui remuait sa chaise depuis un bon moment, pense que ça, c'est trop ; il doit intervenir, il doit défendre ce qui est moderne, nom d'un chien :

— Il ne faudrait pas, pour défendre la pseudo-universalité de votre chère philosophie, ignorer – ou plutôt faire comme si elles n'existaient pas – les conquêtes de l'anthropologie contemporaine. Comme on le sait, ce que nous appelons « philosophie » est une idéologie particulière du monde occidental, de la Grèce à nos jours, d'Athènes jusqu'à Washington. Ce n'est nullement une disposition universelle de l'humanité en tant que telle et, par conséquent, votre problème, comment l'universel peut être dépendant de ce que vous appelez des « vérités singulières », est tout simplement un faux problème. Ce qui est vrai, la vraie vérité, est bien simple : comment peut-on parler d'universalité quand il est clair que la création, le développement et l'existence de la philosophie, en son sens académique, sont absolument liés, dans l'histoire de l'humanité, à des lieux très restreints et à de brèves séquences temporelles ? Et si, raidissant notre position, nous allons jusqu'à préciser qu'il n'y a pas vraiment de philosophie dans la Chine d'autrefois, ni dans l'Afrique précoloniale, voire que la philosophie n'a existé que dans cinq ou six petits pays du monde, mettons la Grèce, la France, l'Italie, le complexe belgo-hollandais et l'Allemagne, Autriche comprise, comment maintenir l'idée que la philosophie est la discipline la plus authentiquement universelle ?

— Eh bien, dit un Tocéras rayonnant, mon cher ennemi, vous tirez dans le tas ! Allons, auditeurs du moulin, que faites-vous pour vous défendre, pour vous abriter ou capituler devant la puissante offensive du sophiste ?

B'adj Akil lève le doigt :

— Il n'a quand même pas tort de parler d'une invention occidentale. Après tout, comment prouver, ce qui s'appelle prouver, que nos études de philosophie valent mieux que les sagesses asiatiques ou les mythes très complexes qui existent en Afrique ? Comment peut-on conclure, de façon rationnelle, que les constructions intellectuelles en Égypte ancienne ou dans l'Amérique précolombienne sont totalement invalidées par l'existence de la philosophie, et ce, depuis l'an 500 avant J.-C. ? J'aime la philosophie, mais je soutiendrais volontiers, contre tout dogmatisme occidental, la tendance relativiste. À la question « Qu'est-ce que la philosophie ? » je répondrai en disant que la philosophie est une partie de l'existence idéologique du monde occidental, et rien de plus. Je maintiendrai par ailleurs que tout ce qui existe historiquement dépend de langues et de cultures particulières, et que donc tout ce qui existe est particulier. Comment la philosophie, puisqu'elle apparaît et existe dans une petite partie de l'histoire des hommes et qu'elle parle des langues tout à fait singulières, pourrait-elle faire exception ? Selon moi, la philosophie n'est pas une exception, elle ne peut pas l'être. Elle n'est qu'une particularité culturelle, tout comme le bouddhisme, ou la pensée de Confucius, ou la vision religieuse des Aztèques ou de Mahomet. Ce qui ne veut pas dire qu'elle est sans intérêt, mais seulement que cet intérêt porte sur une particularité culturelle de l'Occident impérial.

Une sorte très particulière de silence, celle qui s'installe quand on touche à des problèmes complexes et en même temps explosifs, règne dans le moulin. Et la preuve qu'il y a le silence, c'est qu'on entend, toujours aussi éternel, le bruit de l'eau, tout près, en quelque sorte juste sous le silence.

Tocéras finit par conclure qu'il lui revient de surmonter cette dangereuse passe des opinions contrastantes :

— Permettez-moi, une fois n'est pas coutume, de parler de moi, de mon œuvre. J'ai en effet tenté de résoudre le problème que notre ami B'adj Akil soulève en transformant complètement le rapport entre universalité et particularité. J'affirme pour commencer que tout ce qui existe est particulier, y compris les vérités. On admettra, en fait on constatera, que si quelque chose comme une vérité apparaît, cette apparition appartient nécessairement à un monde particulier, qu'elle est construite à partir de matériaux empruntés à ce monde. Les vérités mathématiques, par exemple, apparaissent en Grèce pour des raisons matérielles tout à fait explicites, et dans des traductions symboliques très liées à la langue grecque. Mais d'un autre côté, on peut montrer que ce processus de pensée particulier, nommé « mathématiques », peut produire des écritures et des résultats finalement intelligibles et tenus pour « vrais » dans des mondes complètement différents, dont les langues, les religions, les pouvoirs politiques n'ont rien à voir avec Athènes au IV^e^ siècle avant J.-C. Les démonstrations d'Euclide, par exemple, peuvent être comprises aujourd'hui, et comprises comme indiscutables, même si nous vivons dans un monde complètement différent de celui d'Euclide. Nous pouvons lire en traduction son texte, comprendre que ce sont des preuves contraignantes, et construire un accord total avec l'énoncé que ces preuves rendent nécessaire. Comment un tel « transit » d'une culture à une autre est-il possible, à deux millénaires de distance ? La tâche de l'universaliste convaincu que je suis consiste à répondre à cette question.

— Et alors ? interroge Delphine Isamuta, de sa voix à la fois faible et charmeuse. Vous y répondez, à votre question ?

— Le concept que je propose pour y répondre est celui d'« exception immanente » : dans certaines circonstances, sous certaines conditions, il est possible qu'un processus de pensée tout à fait concret dans un monde déterminé produise un résultat soustrait à ce contexte mondain. Ce processus représente une exception qui échappe, pour part, aux lois dudit contexte. Ce n'est pas une exception au sens de la différence entre Dieu et la nature, ou de la différence entre le monde intelligible et le monde sensible, comme chez Platon ou d'autres après lui. Non, c'est *une exception immanente*. Tout le matériel de construction de la vérité qui apparaît dans ce monde lui appartient. Mais le résultat synthétique qui, d'un point de vue matériel, ou du point de vue de sa composition organique, est incontestablement de ce monde, se laisse percevoir par les esprits attentifs comme une nouvelle vérité. Et cette nouvelle vérité pourra être comprise à partir d'un autre monde, d'un monde complètement différent. Ainsi cette exception n'est pas une exception venue du dehors mais *une exception immanente* puisqu'elle concerne un processus totalement interne au monde où elle est née.

— Mais, objecte John After, bien dans son rôle de tenant d'un certain relativisme, comment peut-il se faire que, de l'intérieur d'une culture historiquement déterminée, on puisse comprendre qu'une vérité, constituée de matériaux empruntés à cette culture, les transcende en étant « absolument » vraie ? N'est-ce pas faire reposer la création des vérités et leur compréhension sur une sorte de miracle ?

Alors, phénomène remarquable, Amantha se substitue à Tocéras dans le rôle du défenseur de l'universalité du Vrai :

— Un Anglais comme toi, un solide relativiste, a évidemment bien du mal à accepter que la genèse de l'universel se passe dans le particulier ! Partons, si tu veux bien, d'une remarque banale : il est souvent arrivé que, pendant de longues périodes, presque personne ne comprenne une vérité. Les ultimes inventions mathématiques d'Archimède, par exemple, sont restées lettre morte pendant des siècles ; personne, ou à peu près, ne comprenait ce qu'elles signifiaient. Et pourtant, à la fin du XVI^e siècle, surgit une compréhension à la fois neuve et complète de ces inventions. On peut dire, métaphoriquement, ceci : cette vérité était morte, en un certain sens, car elle était réduite au contexte opaque où elle était née plusieurs siècles auparavant. Mais elle a pu être ressuscitée, et cette résurrection est ce qui en atteste l'universalité. L'universalité c'est, pour une vérité, la possibilité immanente de connaître une résurrection dans un tout autre monde que celui de sa création. Cela n'a rien d'un miracle, il s'est produit une modification des circonstances, et dans ces circonstances nouvelles une vérité oubliée ou totalement obscure peut à nouveau être comprise dans sa vérité même.

— Parfait ! Impeccable ! rugit Xi La Pong. Je vais donner un exemple très simple à notre camarade britannique. Il s'agit des nouvelles formes du penser de la guerre et de la stratégie, dans la Chine ancienne. J'ai choisi la Chine…

— Parce que tu es chinois, sourit Delphine Isamuta. L'universalité est mal partie !

— Allons, allons, susurre Rémi Glauque, les petites guérillas, ici, ce n'est pas utile.

— T'inquiète pas, dit Xi La Pong, j'en ai vu d'autres. J'ai choisi la Chine ancienne parce que j'ai accepté qu'on dise que dans cette Chine ancienne la philosophie, au sens rigoureux du terme, n'existait pas. Et maintenant je veux montrer qu'il y existait néanmoins certaines vérités. C'est que les choses ne sont pas symétriques : vous pouvez avoir des vérités sans qu'il y ait de la philosophie, alors qu'il est impossible qu'il y ait de la philosophie sans qu'existent des vérités. Avec Sun Tzu, par exemple, on assiste, il y a 2 500 ans, à la création d'une conception de la stratégie et de la pensée de la guerre qui est incontestablement de nature universelle. Le titre du livre lui-même, *L'Art de la guerre*, annonce son universalité. Il s'agit notamment d'une démonstration de la thèse selon laquelle la position défensive, dans une guerre de longue durée, a plus de chances de l'emporter que la position offensive. Nous retrouvons cette idée chez Clausewitz, un autre grand penseur de la guerre, qui prend ses exemples dans les guerres napoléoniennes, et encore après – retour en Chine – chez Mao Tsé-toung, qui dirige une guerre populaire communiste. Ainsi les conceptions de Sun Tzu sur ce qui fait la force d'une guerre défensive, qui ont surgi des millénaires avant nous, représentent-elles bien une vérité qui ressuscite dans des mondes complètement différents du sien.

— Je voudrais citer un autre exemple, dit Diane Thijud ; il concerne l'amour. Et qu'on ne me dise pas : la guerre pour les hommes, l'amour pour les femmes ! Ce livre, cette fois japonais, et de l'époque médiévale, intitulé *Le Dit du Genji*, oui, est écrit par une femme, Murasaki Shikibu, mais son héros est un homme… L'étude que cet écrit féminin propose des inventions dont l'amour est capable est, à l'évidence, universelle, y compris à travers le repérage qu'on y trouve des nouvelles formes que, dans un monde exposé au changement, l'amour peut revêtir. Ce livre apporte la preuve non seulement de la création, au Japon, d'une vérité amoureuse, mais en même temps celle d'une création artistique, le roman, bien des années avant sa résurrection dans le monde occidental. Ce livre est aussi profond, et plus sublime, moins sourdement découragé que, par exemple, ceux de Proust ou de Flaubert.

— Eh bien, annonce alors B'adj Akil, puisqu'on encense l'Asie, il me revient de plaider pour l'Afrique. Considérons l'apparition de nouvelles formes de sculpture dans l'Afrique précoloniale. Comme vous le savez, il y a eu depuis une résurrection de ce type de sculpture au cœur même de l'art moderne européen. En effet, les sculpteurs, après Picasso, sont complètement fascinés par la sculpture africaine, création qui date de plusieurs siècles et d'un monde complètement différent de celui que propose et vante notre époque. Ce dernier exemple, voyez-vous, est un des plus frappants de ce qu'est une résurrection. Que ce soit en France, en Espagne ou aux États-Unis, pendant et après la Première Guerre mondiale, le contexte est totalement différent du monde où les grandes sculptures africaines ont vu le jour, des siècles avant la colonisation. Cependant une grande partie de la sculpture contemporaine en est la résurrection directe.

S'engage alors une sorte de résurrection des résurrections artistiques. Tout le monde y participe : on entend vanter les nouvelles créations, et leurs échos et reprises à longue portée, que représentent, ou représenteront, une certaine forme de cinéma nouveau aux États-Unis, avant et juste après la Première Guerre mondiale, avec Chaplin et Griffith ; la nouvelle musique en Autriche à la fin du XIXe siècle, avec Schœnberg, Berg ou Webern ; la nouvelle peinture en France à la fin du XIXe avec Cézanne. On saute sur la science, on remonte à la résurrection du lien entre arithmétique et géométrie, déjà superbement manié par Archimède, retrouvé à partir du XVIe siècle, porté à sa forme moderne par Descartes, stylisé et universalisé dans l'axiomatique contemporaine. Chacun, au fond, se passionne pour la résurrection qu'il préfère, et semble être porté par cette passion bien loin du moulin crépusculaire. C'est un grand moment dont Tocéras s'empare pour orienter le débat vers la conclusion qu'il préfère :

— J'appelle « vérités » toutes ces créations dont vous parlez. Elles constituent toutes des exceptions, certes internes au contexte de leur apparition, mais qui ouvrent à la possibilité de leur résurrection dans un monde et une époque totalement étrangers à ce contexte. Bien entendu, nous le savons, la grande majorité des productions qui se réclament de l'art disparaissent avec le temps de leur apparition, ne détenant pas le ressort secret des résurrections. Mais il existe des exceptions qui sont universelles, précisément parce qu'il peut se faire qu'un jour, dans un monde complètement différent, et parfois bien des siècles plus tard, nous en ayons une compréhension totalement nouvelle et que nous puissions en quelque sorte les reprendre et les continuer. C'est ça, l'histoire de l'universalité. L'universalité, ce n'est pas du tout une affaire de propositions générales, ce n'est pas une question d'abstraction. Ce qui est universel est une création – une création humaine –, de même que ses formes variées de possible résurrection. L'universalité ne relève pas du général, mais du singulier. C'est une dimension immanente de certaines créations, qui en arrivent, avec leurs formes ressuscitées, à constituer une part de l'histoire de l'humanité. Pour utiliser un terme technique je dirais que c'est une question de soustraction – aux contraintes particulières de telle ou telle culture – et non d'abstraction. La question de la vérité, telle est ma conviction, n'est pas une question abstraite, c'est une question empirique.

— Avez-vous de votre théorie de l'universalité comme résurrection un exemple particulièrement frappant, un exemple vraiment didactique ? demande Diane Thijud, qui, elle-même inimitable dans son style de réserve féminine, et désirant le rester, semble quelque peu réservée devant l'enthousiasme que son maître manifeste pour l'empirie des redécouvertes.

— L'exemple le plus impressionnant, répond sans la moindre hésitation Tocéras, c'est assurément les peintures qu'on a trouvées dans la grotte Chauvet. Ces peintures ont trente mille ans, elles sont superbes et on peut, on doit, les comparer à certaines peintures de Picasso. Il est presque impossible d'imaginer ce que pouvait être la vie de l'homme il y a trente mille ans, nous en savons vraiment très peu de choses. Cependant, ces peintures provoquent chez celui qui les regarde une forte émotion de nature esthétique, elles ont pour effet de nous ouvrir à la compréhension du monde sous-jacent, par leur active beauté, leur force, leur signification dans le monde qui est le nôtre. Elles sont la preuve de l'existence, non pas tellement des cultures, mais de la partie générique de ces cultures, de ce qui, en elles, est le fort impact de l'universalité.

Je soutiens que la création de vérités universelles par l'humanité n'est pas une spéculation, ni une possibilité abstraite, c'est un fait.

— Mais, dit Amantha, que le rare enthousiasme du Maître surprend et enchante, qu'en est-il, dans toute cette affaire, de la philosophie ? Est-elle aussi une forme de répétition créatrice, de mémoire transcendante, de temporalités enchevêtrées ?

— La philosophie doit affirmer que l'universalité des vérités est un fait rationnel. Elle doit expliquer ce fait, l'exposer, c'est l'une de ses tâches. On ne demande pas à la philosophie de créer des vérités universelles – c'est la responsabilité de l'être humain tout au long de son histoire – mais d'expliquer ce fait, et d'en tirer les leçons. Et ces leçons sont infiniment importantes parce que, si quelque chose comme une part générique (donc universalisable) de l'humanité existe, nous devons l'explorer et organiser notre vie, tant singulière que collective, en fonction de cette part.

— En somme, reprend Amantha, pour vous, le verbe « vivre » ne veut pas toujours dire la même chose. Il y a une immense différence entre d'un côté une vie qui, du début à la fin, reste interne à un monde ou à une culture déterminée et y fait ses calculs de succès ; et de l'autre une vie qui entre en rapport avec un monde non pas du tout transcendant ou divin, mais un monde qui relève des infinies possibilités créatrices de l'être humain. Une vie en relation avec quelque chose d'universel, de vrai, qui est au-delà du monde tel qu'il est. La vraie vie, me semble-t-il, c'est une question de création : il s'agit d'aider à créer quelque chose qui existe pour chacun, aujourd'hui, ici-bas, mais qui est aussi, depuis le fond des temps, présent dans d'autres mondes, et, étant générique, sera ressuscité dans les mondes à venir. Vivre, c'est circuler dans la totalité du temps, en s'appuyant sur ce qui ne cesse d'y être créé, oublié, redécouvert, et recréé.

Tocéras est enchanté :

— Oui ! Oui ! Il y a deux conceptions de ce que peut être une vie humaine, et il y a une lutte entre ces deux conceptions. Pour la première, la vie humaine peut se réduire à la question de nos intérêts. C'est la conception commune, normale. Mais il en existe une autre, pour laquelle la vie humaine offre en outre la possibilité d'une altérité générique, et donc, pour tous les temps, ou atemporelle. Certains hommes…

— Y compris des femmes ! coupe, plus amusée qu'agressive, mais quand même, l'attentive Delphine Isamuta.

— À coup sûr ! Des hommes et des femmes, des animaux humains, ont orienté leur vie vers la création, ou la redécouverte de fragments universels, et l'humanité, au sens générique, est à chercher de ce côté-là, du côté des vérités. La philosophie nous dit que nous avons à apporter notre propre contribution à cet aspect de la vie de l'humanité. Et dans ce sens, nous avons à introduire la plus forte dose possible d'universel dans notre vie ordinaire comme dans la vie des collectivités. Nous pouvons et devons vivre *aussi* de façon transculturelle, au service de ce qui est générique, de ce qui a une valeur universelle, de ce qui est de l'ordre des vérités.

Je crois que la philosophie offre la possibilité d'expliquer rationnellement tout cela, et c'est pourquoi sa nature anthropologique est si complexe. Le philosophe doit faire voir et faire comprendre, comme c'est notre but ici, dans le moulin, que l'existence de la philosophie ne dépend ni de la société, ni de la vie ou du langage ordinaire, ni des intérêts privés. Non, si la philosophie existe, c'est parce qu'il existe des choses comme le roman de Murasaki Shikibu sur l'amour, comme Euclide et les mathématiques grecques, comme les sculptures africaines et leurs auteurs inconnus, comme la Révolution française ou la Grande Révolution culturelle prolétarienne en Chine. Le monde de la philosophie n'est réductible ni au monde tel qu'il se présente, ni à nos intérêts concrets dans ce monde. *Le monde de la philosophie c'est le monde des vérités, c'est le « toujours » du temps.* La philosophie crée la possibilité d'être un citoyen de l'humanité. Ce n'est pas en contradiction avec notre existence propre en tant que citoyens de tel ou tel pays, de telle ou telle culture particulière, mais il s'agit d'ouvrir la pensée aux résurrections et exceptions venues de l'humanité tout entière, dans l'espace comme dans le temps.

Nous existons concrètement dans un monde déterminé et nous ne pouvons donc pas habiter l'universel comme tel. Mais nous pouvons introduire dans nos vies quelques grands moments d'exception, qui nous permettent d'expérimenter la possibilité d'être citoyens de l'humanité, sur la base, à la fois maintenue et travaillée par ce qui n'est pas elle, de notre propre monde et de notre propre culture. C'est après tout l'expérience que nous faisons dans notre vie de tous les jours, chaque fois que nous rencontrons quelque chose qui n'est pas réductible à notre existence ordinaire : un livre magnifique venu d'une autre langue, un superbe tableau d'autrefois oublié dans un grenier, une architecture inconnue, une grandiose manifestation politique dans nos rues, une réunion politique décisive, où le mot « communisme » rassemble des gens de toutes sortes, un théorème difficile, dont nous comprenons enfin la profondeur, un amour que chaque matin ressuscite…

Nous avons la chance de participer à la création et à la résurrection de quelques vérités. Cette chance existe dans la vie elle-même, c'est ce que le philosophe tente de démontrer, et il cherche à vous convaincre, vous tous, que ce serait très dommage de refuser cette chance, offerte par toute vie.

Je vous remercie.

# Le quatrième jour

Ce jour-là, un auditeur et une auditrice, nommément B'adj Akil et Delphine Isamuta, arrivèrent au moulin la main dans la main, et ce fut à ce point une sorte de lumière, cette arrivée, que Tocéras lui-même n'en finissait pas de ne pas commencer. Du coup, quand il y parvint, après que les deux tourtereaux eurent réussi à s'installer dans les deux places les plus voisines de tout le petit moulin, le commencement fut comme le grondement du début d'un orage. À vrai dire, un long début, que voici :

— Après avoir examiné la dimension anthropologique de la philosophie, soit sa position au regard des différentes cultures et des différents langages, nous allons aujourd'hui revenir sur une de mes thèses essentielles : dans sa véritable essence, la philosophie est une entreprise de pensée dialectique, et l'idée, hélas dominante dans les universités américaines, d'une philosophie « analytique », ou « scientifique », est dénuée de tout sens. Désormais, vous devrez supposer, chaque fois que je parle de philosophie analytique, qu'il y a des guillemets ironiques autour du mot philosophie, que je pense non pas à la philosophie, mais à sa perversion académique.

Rappelons que pour la conception analytico-académique, la « philosophie » est un savoir, sur le modèle déjà regrettable des « sciences humaines », voire sur le modèle transcendant des sciences, tout simplement. Dans la conception dialectique, la philosophie a certes un rapport serré avec la question du savoir, mais sur le mode d'un rapport différentiel entre elle-même et les objets « normaux » de cette question. Et ce, parce que la philosophie, singulièrement à son époque classique, a pour question centrale : qu'est-ce qu'un savoir ? Savons-nous réellement quelque chose, ou bien sommes-nous pour toujours dans la nuit de l'ignorance ? Or si, à propos d'une région du savoir, surgit une question concernant ce savoir en général, ladite question ne peut pas être interne au savoir concerné. Ainsi, la question « Qu'est-ce que les mathématiques ? » n'est pas une question mathématique, pas plus que la question « Qu'est-ce que la géographie ? » n'est une question de localisation de la géographie sur une carte Michelin. En revanche, la question « Qu'est-ce que la philosophie ? » est présente, depuis l'origine grecque de cette discipline, dans la philosophie elle-même, comme une pièce à la fois interne et externe à la question générale « Savons-nous quelque chose, ou rien ? ». En particulier, la question de savoir si la philosophie est un savoir est une question intrinsèquement philosophique, ce qui met immédiatement la philosophie en position d'exception au regard de tous les savoirs constitués.

Un savoir est déterminé par son objet, car un savoir est toujours le savoir de quelque chose. Et bien sûr, en tant que savoir de quelque chose, il ne peut être réduit à ce quelque chose, parce qu'il y a nécessairement une distance entre le savoir de quelque chose et l'existence de ce quelque chose. Savoir, au moins vaguement, ce qu'est un savoir, c'est donc avant tout poser la question de son objet, comme par exemple : quel est l'objet de la biologie, de la physique, ou même de l'histoire ou de la sociologie ? Or vous voyez bien qu'il n'est pas possible de dire que la question « Qu'est-ce que la philosophie ? » est une question qui porte sur le savoir d'un objet, puisque la philosophie n'a aucun objet prédéterminé, sinon peut-être, justement, le savoir lui-même, et la double question « Qu'est-ce qu'un savoir ? Et savons-nous réellement quelque chose, et non pas rien ? ».

Un traitement ordinaire, qu'on peut dire didactique, de la philosophie, consiste à dire que la philosophie n'est pas un savoir, pour la raison qu'elle est elle-même une question, ou un ensemble de questions. Il n'est pas rare que, au début d'un cours de philosophie, le professeur déclare que la philosophie n'est aucunement une réponse, mais bien plutôt l'apprentissage de ce que c'est qu'une question, une question en quelque sorte infiniment questionnante. Or, comme nous allons le voir, cette définition est insuffisamment précise. Certes la philosophie pose des questions, mais il y a bien des domaines de l'activité humaine où existent des questions, sans pour autant qu'on puisse les déclarer philosophiques. Si donc la philosophie représente un champ de questions, c'est qu'il s'agit de questions singulières. Et parmi ces questions tout à fait singulières il y a la question exclusivement philosophique « Qu'est-ce que la philosophie ? », question dont la réponse ne se ramène aucunement à la définition de la philosophie comme une région singulière du savoir.

Pour la conception dialectique, la philosophie n'est pas un savoir positif, une science, principalement parce qu'elle n'a pas d'objet qu'on puisse constituer en domaine propre de ce savoir ou de cette science, en particulier parce que la philosophie devrait faire partie de cet objet, ce qui voudrait dire qu'elle s'identifie tautologiquement en tant que savoir d'elle-même.

Profitant de ce que Tocéras s'efforçait, à la césure de sa tirade, de reprendre son souffle, Clésacalli tenta une de ses sorties marquées – d'après lui-même – « au coin du bon sens » :

— C'que vous bavardez sur la philo, c'est qu'elle est au bout du compte quand même un savoir, vu que tout ce que vous trouvez à en dire, c'est qu'elle se présente comme la seule qui peut à la fin, après avoir sué et craché, prétendre savoir ce que c'est qu'un savoir, au lieu que les autres vrais savoirs, eux, savent ce que c'est qu'une chose au moins précise : un chou-fleur, une étoile filante ou un abcès dans le dos, en tout cas quelque chose qui existe. Au point où vous nous amenez, c'est comme qui dirait le désert : votre dialectique accouche d'un vide. J'ai des lettres, moi aussi, mon cher Tocéras ! J'le sais, que le père Socrate, il a dit qu'il savait qu'il savait rien du tout ! Vous nous jouez le tour du Socrate, là, le savoir du Rien su…

Tocéras ne bronche pas :

— Pas mal, pas mal ! L'ennemi a bien causé ! En effet ! Il y a chez Socrate une ambiguïté dialectique, puisque Socrate est également en train de dire qu'il sait quelque chose : il sait qu'il ne sait rien. Qu'est-ce qu'il sait ? Précisément rien. Donc cette sentence énonce qu'en un point *quelque chose peut être la même chose que rien*, à savoir aucune chose. Nous avons ici une sorte d'équation primitive – qu'on retrouve dans toute l'histoire de la philosophie –, une équation qui prononce qu'en un point de la pensée, *il y a équivalence entre quelque chose et rien*. Généralisons : il existe un point où le sujet pensant endure l'équivalence possible de l'être et du néant, et doit questionner cette équivalence.

Mais de quelle sorte de question s'agit-il ? De façon générale, c'est celle de la négativité, de la négation, des diverses figures de la non-existence. Socrate, déjà, s'engage dans ce type d'expérience

– établir un lieu d'équivalence entre quelque chose et rien – quand il prétend savoir qu'il ne sait rien. Si la philosophie n'est pas un savoir, c'est peut-être bien parce que l'objet de la philosophie n'est pas une chose, n'est pas un lieu d'existence, n'est pas la nature, ni le ciel, ni un objet physique quelconque, ni même un objet non physique, Dieu par exemple. La grande question de la philosophie est en effet la question de la non-existence, ou, pour mieux dire, de l'existence de la négativité. C'est pourquoi, dès le tout début, il y a un rapport étroit entre la nature dialectique de la philosophie et la question de la négativité. La philosophie c'est la question de la négativité sous tous ses aspects, la question du rapport entre une chose et aucune chose, la question de l'existence paradoxale de la non-existence. »

Xi La Pong, le dialecticien, s'engouffre dans le court silence de ce discours sur le silence potentiel du Rien :

— Oui, à part chez de très grands philosophes dialecticiens, de notre vieux maître Hegel à Mao Tsé-toung, il y a dans toute l'histoire de la philosophie une affirmation cachée qui naît de cette question de la négativité et qui est : Est-il possible de connaître quelque chose, de penser quelque chose qui n'existe pas ? Et dans ce cas-là, pourquoi la philosophie ne serait-elle pas un savoir ? La réponse à cette question ne consiste assurément pas à dire qu'il y a en effet un savoir de la non-existence. Si quelque chose existe, quelle que soit cette chose, un objet naturel, un état psychologique, une histoire ancienne, alors il y en a un savoir spécifique. Mais si quelque chose n'existe pas, alors le rapport à cette non-existence ne peut pas être un savoir, car tout savoir est savoir d'un objet, et quelque chose qui n'existe pas n'est pas un objet. Du coup on conclut que la philosophie ne s'intéresse pas aux choses, mais aux différentes formes de relations, positives ou négatives, entre les choses. La philosophie est la théorie des processus dynamiques entre toutes sortes de choses, y compris les pensées !

Tocéras pense qu'il faut ralentir l'élan de Xi :

— Vous filez un peu vite, cher dialecticien. Je dirais pour l'instant ceci : l'existence de la philosophie est toujours en même temps la question de la possibilité de quelque chose qui n'existe pas, qui n'existe pas en tant qu'objet, qu'objet du monde. Ce qui nous permet de soutenir que la philosophie est fondée entièrement sur une différence, très obscure et très complexe : la différence entre être et exister. Cette question de la distance entre être et exister est naturellement aussi celle de la distance entre quelque chose et rien, entre l'être et la non-existence, entre l'être et le néant.

Nous pouvons nommer positivisme – c'est une sorte de philosophie antiphilosophique – l'affirmation selon laquelle n'existent que des savoirs, et la conviction que sont absurdes tant l'idée de la distance entre être et exister que la thèse selon laquelle il y a quelque chose équivalant à rien. Pour le positiviste, tout ce qui existe est *objectivement* existant, et comme l'objectivité est pour lui la seule forme d'être, il s'ensuit que le seul rapport positif à l'objectivité c'est le savoir, et donc, finalement, la science, en tant que forme suprême du savoir. Il en conclut que la philosophie est une science, ou alors qu'elle n'existe pas, qu'elle est imaginaire, que c'est une illusion, voire une sorte de pure foi sans aucune valeur objective.

Clésacalli est aux anges, il fonce :

— Le positiviste, c'est pour ainsi dire moi ! Pas de bavardages, il dit, le positiviste. Savoir quelque chose, c'est le pareil au même qu'avoir la science de la susdite chose. Dans la société avancée qui est celle que nous habitons tous ensemble, la science, c'est comme qui dirait le contraire de l'ignorance. La philo qui est pas celle du positiviste, et de moi qui suis le positiviste le plus positif qu'on puisse trouver, cette philo, c'est l'Ignorance avec un grand I bien pompeux.

— Eh bien, dit en souriant Tocéras, continuons la Pompe ! Vous êtes positiviste, OK. Au moment où vous affirmez qu'il n'y a rien d'autre que ce qui peut être connu par la science, vous affirmez simultanément une part du contraire. En disant que le point de vue analytique est vrai et le point de vue dialectique faux, vous dites quelque chose qui, nécessairement, est interne au point de vue dialectique. Ou, pour être tout simple : si vous affirmez que le point de vue dialectique n'est pas vrai, en disant « pas vrai » vous assumez forcément la distinction entre ce qui existe et ce qui est, puisque, à votre grand regret, le point de vue dialectique existe. Et, pour la même raison, si vous dites que ce point de vue, qui existe, est faux, vous dites quelque chose concernant non pas l'indubitable existence du susdit point de vue, mais son être. Donc quand vous dites, vous, le positiviste pur et dur, que la position dialectique existe mais qu'elle est fausse, vous dites quelque chose qui, explicitement, porte non sur l'existence, mais sur l'être général de la position dialectique. Vous admettez sans l'avouer que pour vous-même, être et exister ne se situent pas sur le même plan. C'est une preuve, dialectique certes, mais une preuve quand même : la preuve que le positivisme existe, mais qu'en prétendant exister comme seul lieu de vérité, il utilise, subjectivement, une bonne dose de dialectique. Et ce, parce que la question de la distance entre être et exister est la question dialectique par excellence.

Diane Thijud, très mobilisée par tout ça, veut mettre son grain de sel :

— Mais bien sûr ! Sartre, dans *L'Être et le Néant*, oppose l'exister de la conscience, donatrice de sens, à la stupidité opaque de l'« être-en-soi ». L'existence porte en elle la négativité, tandis que l'être est une massivité opaque. Finalement, l'homme, qui existe, est du côté du néant, tandis qu'un stupide caillou abandonné est entièrement du côté de l'être.

— Oui, chère Diane, dit très courtoisement Tocéras, c'est la version existentialiste de notre problème. Mais en vérité, ce problème est présent dans toute l'histoire de la philosophie, et ce, dès le début. Quand nous affirmons qu'il y a la distance entre « être » et « exister », nous retrouvons une question originaire, déjà présente dans le poème de Parménide sur l'être. Et cela explique pourquoi, à travers toute son histoire, la philosophie, en tant que dialectique, est en rapport avec l'ontologie.

— Mais, demande Diane au parleur, ça remonte à quand, ce mot, « ontologie » ?

— « Ontologie » est un mot qui, comme beaucoup d'autres, est une création d'Aristote. Aristote, l'homme des classifications, le grand créateur du discours de l'université, est l'inventeur de nombreux mots de la philosophie, tant classique que moderne. Qu'est-ce donc que l'ontologie ? L'ontologie c'est le discours rationnel sur l'être en tant qu'être, le *logos* qui développe au maximum toutes les significations du verbe « être ».

Toute philosophie comporte une part d'ontologie, y compris, voire surtout, les philosophies qui prétendent, comme le fait Wittgenstein après Nietzsche, que le mot « être » n'a aucun sens réel. Cette part consiste précisément dans la possibilité de donner sens à la distance entre être et exister. Par exemple, comme précisément chez Wittgenstein, la distance entre ce qui a un sens précis dans la langue et ce dont le sens est errant, voire introuvable. Cette distance irréductible entre l'être et l'existence nous la retrouvons dans toute philosophie, chez Platon, comme chez Descartes, chez Kant ou Heidegger, et de même chez Nietzsche, chez Wittgenstein, ou chez Deleuze. Ou plus récemment chez mon maître Badiou.

Pour commencer l'examen de la distance ontologique entre « être » et « exister », nous devons d'abord constater qu'il ne s'agit pas d'une question interne à un savoir. D'où un considérable problème de transmission. Dans le cas d'un savoir, vous pouvez avoir un professeur, un enseignant, qui vous transmettra ce savoir que vous ne possédez pas encore. En revanche la philosophie dialectique, laquelle, nous l'avons répété, est une conviction conceptuelle et non un savoir, la philosophie, donc, ne peut pas vraiment continuer. *La philosophie commence toujours.* Elle commence toujours en assumant son passé, en l'assumant comme une sorte de succession de commencements, celui de Platon, d'Aristote, de Descartes, de Kant, de Hegel, et ainsi de suite. On ne peut rencontrer la philosophie que sous la forme d'un commencement d'elle-même, certes avec un passé, mais *un passé composé de commencements.* D'où l'importance philosophique de la question du commencement, vu que la philosophie ne cesse de re-commencer. Ce que nous trouvons, dans l'étrange histoire de la philosophie, dans son rapport à son propre passé, n'est jamais de l'ordre de la pure et simple continuation. Car ce qui existe est *une suite de nouvelles interprétations de ce passé.* Nous pouvons bien sûr choisir de commencer par une nouvelle interprétation de Platon ou d'Aristote. Mais notre commencement ne sera ni Platon ni Aristote. Notre commencement, celui de toute nouvelle philosophie, n'est pas la continuation du passé, c'est sa réinterprétation.

— Mais alors, objecte B'adj Akil, quand Socrate dit qu'il ne sait rien c'est une plaisanterie, un jeu sur les mots. Car en réalité il est impossible de savoir rien. Si la philosophie re-commence, c'est qu'elle existe déjà, fût-ce en un sens plus ou moins caché. Au mieux, la relation au rien n'est pas un savoir, c'est une expérience, une expérience subjective. Et la forme de cette expérience primitive est très importante pour faire la différence entre les diverses philosophies. Par exemple, l'expérience du rien chez Descartes consiste pour le philosophe à se demander s'il a été trompé, dupé, s'il est possible qu'il stagne dans la tromperie absolue induite en lui par un « mauvais génie ». Mais ce possible sentiment d'être trompé est purement subjectif, au sens où ne rien savoir n'est pas un savoir, c'est une expérience. Et ce n'est même pas une expérience qu'on puisse facilement imaginer ou décrire. C'est en réalité une expérience traumatique, subjective, qui doit être une expérience réelle. Quand Descartes parvient à dépasser la tromperie en affirmant l'existence absolue de quelque chose d'interne à la négativité – ce sujet qui a été trompé et qui n'existe nécessairement que parce qu'il a été trompé –, c'est du cœur même de la négativité qu'il affirme que quelque chose est. Cela vaut, logiquement, également pour Socrate, puisque la seule chose qu'il sait c'est qu'il ne sait rien. Finalement, la victoire philosophique est d'aller du rien à la chose, par la médiation du sujet qui est en proie au néant.

— Exactement ! approuve Tocéras. C'est le geste fondamental de la philosophie : la possibilité, au moment de la pure expérience de la négativité, de passer de la non-existence à l'existence, ou, si vous préférez, de passer de l'être à l'existence, de l'être pur de quelque chose qui n'existe pas à quelque chose qui existe, de la tromperie à l'existence du sujet qui a été trompé, de la conscience de quelque chose à l'être de la pure conscience de soi, et ainsi de suite.

Vous demanderez sans doute : que se passe-t-il quand une victoire de ce genre fait défaut, quand l'être se bloque en tant qu'être du néant ? Eh bien, vous aller vous retrouver dans une autre forme de philosophie antiphilosophique, une sorte de symétrique mélancolique de la vulgarité positiviste, qui s'appelle le nihilisme.

Qu'est-ce que le nihilisme ? C'est la conviction que nous ne pouvons pas dépasser l'expérience de la négativité. Dans un langage cartésien, cela signifierait piétiner dans le doute, rester pour toujours l'homme trompé, la marionnette du génie trompeur. Ce serait être incapable de transiter de l'existence pure à la certitude de l'être.

Alors, Rémi Glauque sent que le moment est venu de faire valoir son talent synthétique. Il demande :

— Je peux faire une synthèse ?

Et Océras, avec l'appui des six autres auditeurs :

— Bien entendu ! Allez-y ! C'est un très utile exercice.

Alors, Clésacalli, très doucement :

— Remplacer Toléras est le plus chouette des exercices mentaux !

Glauque va parler lentement, posément, mais sans hésitation ni rupture :

— La philosophie a deux ennemis très différents. Le premier est le positivisme sous toutes ses formes, pour lequel la seule chose sérieuse est le savoir, la philosophie qui ne cesse de re-commencer dans l'être-néant n'étant qu'une collection de plaisanteries et de non-sens. Le second ennemi c'est le nihilisme, soit la conviction que notre seule possibilité est l'expérience du néant. La nécessité d'une expérience subjective de la négativité et du néant comme forme inaugurale de l'être est ce que le nihilisme et la philosophie ont en commun. Mais ce qui fait que la philosophie ne peut pas être rabattue sur le nihilisme, c'est que, selon le nihiliste, nous ne sortons pas de l'expérience de la négativité, nous restons dans l'angoisse, l'angoisse est notre monde, notre destin, il n'y a ni futur ni savoir. Le nihilisme se méprend sur l'expérience radicale de la négativité en prétendant que nous ne pouvons pas la dépasser, que nous ne pouvons pas affirmer quoi que ce soit, qu'il est impossible de passer de l'être-pur du Rien à la possibilité d'un savoir affirmatif.

Il est clair que l'opposition entre philosophie et nihilisme n'est pas l'opposition entre philosophie et positivisme. Les deux oppositions sont même pratiquement contradictoires.

— Oui ! s'exclame Xi La Pong ! On pourrait dire que, par rapport à la philosophie, le positivisme est la position de l'extrême droite et le nihilisme la position de l'ultragauche.

Glauque continue en souriant :

— La philosophie dialectique – en somme, d'après notre maoïste, le centrisme de la pensée – ne se confond donc ni avec sa droite, ni avec sa fausse gauche, ni avec le positivisme, ni avec le nihilisme. Elle tente d'ouvrir la possibilité d'une pensée qui ne soit réductible ni au savoir, donc au positivisme, ni à l'expérience primitive de la négativité, donc au nihilisme, même si elle reconnaît la nécessité de cette expérience. La position fondamentale de la philosophie est que nous pouvons sortir de l'expérience de la négativité, et qu'ainsi nous passons de l'être à l'existence. Le nihilisme répond à cela en déclarant : « Rien n'existe et mon être consiste à affirmer l'inexistence de toute chose, car la seule chose qui existe c'est l'existence elle-même, l'expérience de l'existence. » Et le positiviste : « À bas cette psychologie dérisoire ! Nous pouvons connaître par la science tous les tours et détours de ce qui est. »

Tocéras doit maintenant agir vite : l'heure avance, et il ne laissera ni Gauque ni Clésacalli, ni même Xi La Pong, avoir le dernier mot :

— Finalement, conclut-il, on pourrait dire que pour l'humanité, il y a trois positions possibles et que chacun doit faire son choix.

Pour la position positiviste il faut être et exister dans le monde tel qu'il est, en mettant l'accent sur les connaissances scientifiques, sur la technologie, sur les exigences financières, sur nos intérêts immédiats, et par-dessus tout être positif, être un positiviste. Les fétiches du positiviste sont le savoir et le succès.

Pour la deuxième position, le nihilisme, il faut accepter que tout ce qu'il y a, c'est l'expérience subjective, l'expérience du néant, de l'angoisse, l'expérience de la vie comme consumation de soi-même. Et donc il faut jouir, et aussi se révolter et combattre pour le plaisir du combat, sans s'imaginer qu'un nouveau pouvoir rationnel soit désirable. Il faut accepter que la vie soit sous domination de la mort. Le fétiche du nihiliste est la mort au service de l'impossible vie.

La troisième position est la position de la philosophie dialectique : on peut surmonter la négation inaugurale, passer de l'être pur à l'existence, et l'inverse. Alors, le sens possible de la vie s'éclaire, et mérite qu'on combatte pour lui. Le fétiche de cette position est la justice.

La philosophie, c'est donc un combat de la pensée sur deux fronts : contre le positivisme, et contre le nihilisme. Une autre manière de lire les philosophes, c'est de chercher, dans toute philosophie particulière, où est son champ de bataille contre le positivisme et où est son combat contre le nihilisme. On pourrait même dire que la singularité d'une philosophie peut être définie par l'articulation de ces deux combats, sous un concept proposé, construit, de la justice.

On pourrait comparer un système philosophique avec une symphonie, en ce que cette dernière comporte deux moments essentiels : la rupture avec le silence et le retour au silence. Aux deux bouts on trouve une rupture. La musique sous toutes ses formes, pour ce qui concerne sa durée, son organisation et sa structuration, est un double combat : un combat contre le silence que vous trouvez au commencement, car le silence est inévitablement l'élément accoucheur de la musique, et un combat pour préparer le retour au silence, qui en marque la fin. L'être latent de la musique organise un nouveau rapport, tant au regard de l'idée du pur silence du monde, en faisant cesser la permanence existentielle du bruit (voyez comme le chef d'orchestre obtient, par son arrivée, le silence de la salle), que, de l'autre côté, et contradictoirement, au regard de l'autre forme de silence, celui qui, interne à la musique elle-même, a le dernier mot (voyez le geste énergique par lequel le même chef ordonne aux musiciens le silence final, celui qui précède le retour du bruit du monde, sous les espèces du tonnerre des applaudissements). C'est pourquoi il est si difficile et de commencer et de terminer une partition. Cela vaut pour toutes les formes de musique. Il y a des musiques qui continuent indéfiniment, qui traînent dans l'angoisse du silence, et des musiques qui instaurent une fin brutale. Il y a des musiques qui préparent sans cesse la fin, et même des musiques qui ne sont qu'une longue préparation à la fin. Chez Beethoven, par exemple, vous avez la fin, et puis la fin, toujours et encore la fin, et enfin, à la fin, la vraie fin. Cependant que dans le jazz la question de la structure de la fin est précisément une des normes de son histoire. Au début du jazz, avec le style Nouvelle-Orléans, soit Armstrong et d'autres, on a quelque chose de très codé, à savoir une définition du thème, des variations et de la fin. En revanche, chez Coltrane, la fin devient absolument erratique, en fait il n'y a pas de fin du tout, seule la fatigue et l'angoisse font cesser l'élan.

Ce que je vous propose c'est donc de lire la philosophie de la manière dont vous écoutez la musique, afin que vous deveniez sensibles non seulement à son organisation rationnelle et conceptuelle, qui est bien sûr très importante, mais aussi à quelque chose qui est comme la tonalité d'une philosophie, laquelle est toujours en rapport avec les menaçantes tonalités, soit, comme le dit notre ami

Xi, de l'ultragauchisme du nihiliste, soit de l'extrême droite positiviste.

Cet exercice en quelque sorte symptomal est la vraie difficulté de la lecture d'un grand philosophe. Prenons l'exemple de Kant. Nous trouvons chez lui une critique rationnelle de toutes les prétentions de la métaphysique classique, qui marque le début de la critique moderne : Kant est, après tout, le commencement de la fin de la métaphysique classique. Mais il commence de manière particulièrement négative, en déclarant que tout ce que la philosophie a affirmé concernant Dieu, l'être humain et la nature est faux, illusoire, imaginaire, tiraillé entre des orientations contradictoires tout aussi « rationnelles » les unes que les autres. Telle est sa première affirmation fondamentale, de part en part destructrice. À ce stade, nous voisinons avec le nihilisme sceptique : notre ambition de connaître vraiment la distance entre être et exister, entre les choses en soi et la manière dont elles nous apparaissent, ainsi que notre rêve d'être vraiment dans la vérité du réel n'ont aucune valeur affirmative et fondée. Ainsi, le commencement de Kant est à sa manière une expérience traumatique de l'angoisse théorique : si nous ne pouvons pas connaître l'être en tant que tel, l'en-soi de l'être, quel est alors le statut de la connaissance ? Eh bien, Kant va nous le dire, d'abord en reconstruisant une théorie semi-positive de la connaissance (non pas « absolument » vraie, mais

« transcendantalement » vraie), puis une théorie « absolue » de l'impératif moral.

À nous en tenir là, nous pouvons définir la philosophie comme un mouvement primitif qui va de la pure négativité à une première affirmation, laquelle succède immédiatement à la tentation nihiliste. Chez Descartes, la première affirmation est l'affirmation de l'existence réelle du sujet lui-même, suite à quoi il reconstruit tout le monde, toute la connaissance, toute la positivité.

Un peu de formalisme naïf : La représentation simple de la philosophie pourrait être quelque chose comme $0 \rightarrow 1$, 0 étant l'emblème de l'expérience nihiliste, du néant et de la négativité, qui est le véritable commencement, tandis que 1 est l'emblème de la première affirmation. Ou, pour le dire dans le cadre formel de l'ontologie mathématisée de Badiou : le mouvement de la philosophie est celui-ci : $\forall(\varphi)\ (\emptyset \rightarrow \omega)$, à savoir que pour toute vraie philosophie, ce que nous notons $\forall(\varphi)$, l'impératif est d'aller du vide, noté $\emptyset$ au premier infini, noté $\omega$.

Méditons tous cette courte formule…

# Le cinquième jour

— Quel est le schéma fondamental de la philosophie ? demande abruptement le parleur Tocéras, en pointant son doigt et son regard sur l'auditeur Rémi Glauque, qui, ayant donné tout son élan à la conclusion du cours précédent, semble aujourd'hui rêver à tout autre chose qu'à cette sorte de schéma. Cependant Amantha, dans un réflexe qui en dit long sur son très ancien rapport à Glauque, se lève et, d'une voix parfaitement claire et posée, annonce :

— Comme nous l'avons vu lors du dernier cours, le schéma peut se dire : le vide implique oméga ou, plus conceptuellement, le rien implique l'infini.

Mais le parleur n'est pas satisfait par cette substitution d'auditeurs. Il se met à détailler la réponse, de façon à discréditer celle d'Amantha, et ainsi, par ricochet, à faire connaître à Glauque que le Maître est mécontent. Il commence de façon sonore et architecturée :

— La nature dialectique de la philosophie fait qu'elle peut être définie non pas seulement comme une pure théorie mais comme un mouvement, un mouvement réel, créateur, qui établit de nouvelles possibilités dans la pensée. Le schéma proposé dans les leçons précédentes : $0 \rightarrow \omega$ (traduction élémentaire : de rien à tout) n'est que l'inscription de ce mouvement. Si la philosophie était uniquement du côté de zéro, du côté du vide, elle stagnerait dans le nihilisme. Nous avons vu que, pour la position nihiliste, il faut admettre que tout savoir affirmatif ou constructif est impossible. D'un autre côté, si la philosophie était uniquement du côté d'oméga, qui est le symbole de l'infini, elle serait plutôt une théologie positiviste, basculée du côté du Dieu des métaphysiques, sinon même, directement, du Dieu des monothéismes religieux. Mais je le dis, j'y insiste, je le proclame, et c'est ce que ni Amantha ni le muet Glauque ne semblent avoir compris, *la philosophie n'est pas une position, elle est un mouvement.* Ce mouvement va de la position nihiliste à l'affirmation d'un savoir absolu non religieux, et, en tant que mouvement, il n'est réductible ni à l'une ni à l'autre. C'est pourquoi, dans la tradition hégélienne, comme, dans la Grèce antique, chez Héraclite, la philosophie est d'emblée définie comme étrangère à toute pensée statique.

— Cependant, dit Diane Thijud en levant gracieusement vers le ciel l'index de sa main gauche, ce voyage philosophique a des étapes, il ne se fait pas d'un seul geste théorique !

— Bien entendu, dit bruyamment Xi La Pong, ça, c'est la dialectique, chère Diane, la di-a-lec-tique ! Rappelez-vous Hegel ! Dans la conception dialectique de la philosophie, autant dire dans la vraie philosophie, le parcours explicite, détaillé, des différents moments de la construction d'une affirmation nouvelle est crucial. Entre le Néant originel et l'Absolu terminal, il y a toute une suite de moments. Et ces moments représentent une sorte de démontage analytique du processus dialectique. C'est un peu, oui, un peu [Xi La Pong prend d'assaut le tableau noir], comme ça :

$$0 \rightarrow 1 \rightarrow 2 \rightarrow 3 \rightarrow 4 \rightarrow \ldots \omega$$

Ce sont ces moments constitutifs du mouvement du vide vers l'infini qui font que la philosophie est forcément systématique. Impossible de réduire le mouvement de la philosophie à une pure intuition, une pure instance, une pure révélation : la philosophie n'est pas un mysticisme. Elle ne peut donc exister que sous la forme d'un système, lequel déplie et analyse les moments d'une ascension dialectisée.

Et le héros de la dialectique s'assied, couvert de craie mais triomphant.

— Très belle intervention ! scande Tocéras. Elle me permet d'aborder l'autre versant, celui qui est, depuis toujours, l'envers de la dialectique. Oui, vous avez raison, on pourrait appeler « mysticisme » cet envers. Le mysticisme, c'est l'idée que le mouvement qui part du nihilisme pour aboutir à l'affirmation infinie est une expérience unique, un mouvement indécomposable qui va directement du néant de la créature à l'absoluité du Créateur. On trouve une description de ce genre d'expérience chez les grands mystiques, comme par exemple chez saint Jean de la Croix, mais aussi dans certaines parties de la sagesse orientale. Il ne s'agit nullement de dire que ce mouvement mystique n'a aucune importance : après tout, le mysticisme est à certains égards proche de la philosophie, il a avec elle, au premier abord, une origine commune et une fin commune. La différence, c'est que pour le mysticisme ce mouvement est une expérience qui échappe à la transmission rationnelle et ne se dit que poétiquement. Les grands poèmes mystiques décrivent le néant de la simple existence et le pur accès à la gloire de l'infini à travers une sorte d'auto-anéantissement du sujet. Il s'agit en fait d'un rapport fermé, intime, personnel, avec l'infinité divine. Ce genre d'expérience est souvent décrit comme une expérience amoureuse plutôt que comme une expérience linguistique ou rationnelle : l'acceptation totale de notre néant nous ouvre un accès à l'infini. Tel est le prix à payer. En retour, nous expérimentons l'amour infini de Dieu pour nous.

Tocéras reprend son souffle – l'amour infini de Dieu, ce n'est pas rien –, puis considère le plafond, fronce les sourcils, et enfin reprend :

— Le mysticisme, comme la philosophie, pose la question d'une sortie du nihilisme, mais nie que cette sortie puisse prendre la forme d'une construction rationnelle et transmissible. Le mysticisme est plutôt comme un nihilisme qui atteint l'absolu à travers la pure expérience du néant personnel. C'est une possibilité complètement refermée sur elle-même, parce que le mystique est seul, *absolument* (c'est le cas de le dire !) seul. Un mystique expérimente une forme de solitude radicale avec Dieu, et Dieu, comme le disent les mystiques eux-mêmes, est un étrange compagnon. Très souvent, ils avouent qu'ils ne peuvent pas décrire jusqu'au bout cette expérience, et les poèmes qui la transcrivent ne sont que des approximations imagées, non pas la véritable articulation de ce qu'ils ont découvert. Le mystique se retrouve toujours devant un choix radical : être avec Dieu mais pas avec le monde des autres êtres humains, ou bien être dans le monde avec les autres, mais sans Dieu.

Le mysticisme se présente finalement comme le pur effet, sur une conscience, d'une attraction vertigineuse. C'est ainsi que cette expérience est décrite dans l'ouvrage de Bergson, *Les Deux Sources de la morale et de la religion*. Bergson explique que le mysticisme n'est pas une expérience qui puisse être transmise ou décrite, mais qu'il existe une forme d'action particulière que le mystique exerce sur les autres et qui s'apparente à une pure attraction.

Et John After, aussitôt, dont l'esprit pragmatique anglais ne peut tolérer cette attraction silencieuse qui ressemble à une grâce ineffable, part au combat, concentré, le regard dur, le geste rare :

— Imaginons une société où tous se diraient mystiques, où tous seraient totalement capturés par Dieu. Une telle société signifierait la dissolution de toute collectivité positive. C'est d'ailleurs une étrange image, digne de la science-fiction, que celle d'une société composée d'une pure juxtaposition d'individus, une société où tout individu entretiendrait avec Dieu un rapport immédiat et exclusif...

Gardien en sa totalité du temple intellectuel nommé « philosophie », Tocéras engage la discussion avec l'éternel empirisme britannique :

— On trouve dans la philosophie médiévale des descriptions des anges qui vont dans cette direction : un ange est dans un rapport si intime avec Dieu que pour lui tout ce qui n'est pas Dieu n'existe pas. Dans la tradition d'Aristote les penseurs chrétiens du Moyen Âge ont construit une hiérarchie des anges : il y a, comme dans la société humaine, des anges situés en bas de la hiérarchie, de pauvres anges, en somme, et, bien plus haut, des anges aristocratiques. Les anges les plus achevés baignent, nous dit la théorie, dans un mysticisme perpétuel en rapport direct et constant avec l'infinité divine, dans une expérimentation continue de l'amour de Dieu.

Faut-il en conclure qu'une société de mystiques ressemblerait à une société d'anges ? La différence entre la philosophie et le mysticisme, c'est peut-être tout simplement que la philosophie dit que nous ne sommes pas des anges. Même si l'on peut imaginer que certains d'entre nous sont – pourquoi pas ? – des anges déguisés en êtres humains… Finalement il est capital pour la philosophie, en tant que distincte du mysticisme, d'affirmer que nous ne sommes pas des anges. Et comme nous ne sommes pas des anges, nous devons donner à notre pensée de l'absolu non pas la forme d'une expérience personnelle transcendante, mais celle d'une construction systématique, rationnellement transmissible. Quand on parle de « la philosophie d'Untel » on parle nécessairement d'un système, y compris, voire surtout, comme on le voit chez Nietzsche ou chez Derrida, si ce système se déclare systématiquement antisystématique.

Bien entendu « systématique » ne renvoie ni à l'image d'une machine, ni à l'absence de liberté. Un système ne fait que déplier la conscience de l'existence des différentes étapes du mouvement qui va de la négativité pure à l'affirmation absolue. Un système philosophique organise la conscience que ce mouvement n'est pas une révélation immédiate, que nous avons par conséquent, pour en suivre le tracé, à apprendre, à comprendre et à faire preuve de patience, car il peut y avoir des moments où les choses piétinent, même si, finalement, tout cela est rationnel et transmissible. Toute philosophie propose une représentation systématique particulière du passage du néant à l'affirmation, du zéro à un, du vide à l'infini.

Alors, Tocéras se tait. La formule du départ – le trajet du vide vers l'infini – est restituée, sa condition et son contexte sont éclairés, ses supports subjectifs sont au moins décrits négativement : ils ne doivent pas être des anges. Que dire de plus ? C'est le rationalisme souple d'Amantha qui soutient que, oui, « plus » il peut y avoir quand on est parvenu au problème des étapes de l'Absolu. Elle se campe près du tableau, efface soigneusement le gribouillis dialectique de Xi La Pong, et prend le ton, doux et persuasif, d'une institutrice chargée d'introduire le b-a-ba de l'arithmétique :

— L'image la plus claire d'une construction allant du vide au tout, ou du néant à l'infini, est la ligne que dessine la série des nombres entiers, laquelle illustre le mouvement qui va de zéro à l'infini :

$$0, 1, 2, 3, 4, 5, \ldots n, n + 1, \ldots \omega$$

Comme vous le voyez cette série se présente comme une forme de répétition qui avance vers l'infini. La répétition, c'est l'opération qui fait passer d'un nombre au suivant, opération qui est « + 1 ». C'est une répétition appelée « passage au successeur », parce que nous répétons « à l'infini » la même opération, qui est le passage de n à n + 1. Chaque pas est ainsi la répétition du pas précédent. La deuxième chose qui est évidente, c'est qu'il n'y a pas de dernier nombre. Si en effet D est le dernier nombre, c'est qu'il est, encore et toujours, un nombre et non une limite, puisque D + 1, son successeur, est plus grand que lui. La suite des nombres a un commencement, à savoir zéro, elle n'a pas de fin numérique à proprement parler. Elle est donc infinie.

On peut donc soutenir que la ligne des nombres entiers est comme une image du passage, de longueur infinie, du néant – 0 étant la forme numérique du néant – à la supposition d'un au-delà de tous les nombres, qui serait le premier infini, nommé ω depuis Cantor.

Ce schéma n'est pas un schéma philosophique, c'est un schéma arithmétique, qui pour le philosophe n'est qu'une image. Mais cette image est doublement intéressante. D'abord, elle contient une répétition, qui cependant n'est pas la répétition de la même chose, mais la répétition du passage d'un objet à un autre, la répétition de l'opérateur « succession ». Vous savez que ce n'est pas la répétition statique d'un objet ou d'un signe, comme le serait la séquence 1, 1, 1, ... Ainsi, par exemple, 3, le successeur de 2, n'est pas le même nombre que 2. Chaque fois qu'on avance on a une nouveauté numérique. Car ce qui se répète ce n'est pas le résultat, c'est la construction, l'opération de construction. Philosophiquement nous disposons ainsi d'un processus de production de différences qui n'est pas la répétition du même objet. Nous avons sous les yeux ce qu'on pourrait appeler une répétition active : nous obtenons la différence, la production de la différence, à savoir une infinité de nombres différents, par le moyen de la répétition, donc par un geste rigoureusement identique à chaque étape.

Cette synthèse de répétition et de création est typiquement dialectique. Et, comme le camarade Xi nous l'a fait savoir, elle trouve son application la plus achevée dans la philosophie de Hegel. La philosophie de Hegel est entièrement consacrée à l'extraordinaire construction, par le seul usage du couple dialectique identité/différence, et par étapes à chaque fois neuves, de quelque chose d'*absolument* nouveau, le « Savoir absolu », qui est l'ω de Hegel. Ce qui lui permet de conclure que, puisque nous l'atteignons par une procédure répétitive, nous pouvons dire qu'en un certain sens « l'Absolu est auprès de nous depuis le commencement ».

Amantha se tait un moment, en considérant le tableau. On sent qu'elle est au bord de l'essentiel, qu'elle en énonce silencieusement la puissance transmissible. Et, oui, elle franchit le pas :

— Le second point qui ressort de notre image d'une succession de nombres, et qui est le point crucial de toute la procédure, c'est évidemment, comme je l'ai rappelé, que le terme ω, l'infini tant recherché, *ne résulte pas de la répétition.* Certes le processus va *dans la direction* d'oméga, mais il est à jamais incapable de le produire. Le terme ω, le premier infini, *polarise* toute la suite, mais il ne saurait *succéder* à aucun de ses termes. En conséquence, il faut qu'intervienne *une coupure entre la suite dans son ensemble, et le point infini qui la polarise au-delà d'elle-même.*

Et là, Amantha se tait, elle se rassied. Le silence laisse filtrer, pour la première fois depuis le début de la séance, le murmure, dehors, de l'eau qui fait tourner le moulin.

Tocéras laisse le silence ponctuer l'efficace métaphorique de la suite des nombres entiers, puis, doucement, presque comme s'il n'était qu'un double masculin d'Amantha – à laquelle cependant il ne ressemble d'aucune façon –, il avance ses pions dans le terrain ainsi dégagé :

— Vous voyez, après cette parfaite présentation, que le processus qui conduit de zéro à l'infini est constitué non seulement par le passage réitéré d'un nombre au suivant, mais aussi par une sorte d'interruption « à l'infini » de cette répétition, au profit d'un nouveau commencement, le premier « nombre infini ». Si donc le processus philosophique est réellement le passage de la pure négativité à une affirmation absolue, comme dans la succession des nombres, nous devons soutenir *qu'il n'y a pas une seule opération de la pensée philosophique, mais deux opérations totalement différentes.*

La première opération est répétitive. Dans toute philosophie vous trouvez en effet une opération répétitive, laquelle a toujours la même forme. Dans la dialectique hégélienne, comme dans la critique kantienne, dans la métaphysique de Descartes ou de

Leibniz, il est possible d'identifier des opérations constamment répétées par le philosophe, à savoir une forme de passage d'une notion à une autre, qui crée un nouveau concept. Bien entendu, l'opération répétée est toujours très importante, tant dans les philosophies singulières que dans la philosophie en général. Chez Descartes, par exemple, c'est le passage d'un énoncé à un autre par la méthode déductive empruntée aux mathématiques ; chez Hegel, c'est le passage dialectique d'une assertion à une autre par la négativité dans le couple identité/différence ; chez Aristote, et en un sens chez le premier Platon, c'est l'examen des différentes définitions possibles du même concept, et ainsi de suite.

Mais il existe une autre opération, une opération de coupure, d'interruption de la répétition. Cette seconde forme d'opération est une rupture à l'intérieur de la répétition, une interruption de la répétition. Dans notre image cela correspond à la position du premier nombre infini, oméga, au regard des autres nombres, tous différents, mais tous finis. La répétition se poursuit bel et bien dans la direction du dernier nombre, le premier nombre infini, et comme on sait, il n'y a aucune possibilité de l'atteindre par la stricte action de cette marche répétitive. Si donc vous affirmez l'existence d'oméga vous devez créer une coupure dans la répétition. Oméga transcende la répétition. En mathématiques, on appelle oméga la *limite* de la répétition.

En philosophie, où le problème est de passer de l'expérience de la négativité à l'affirmation absolue en évitant l'immédiateté singulière de la voie mystique, nous avons donc à prendre en considération deux opérations tout à fait différentes. Cette dualité est un aspect fondamental propre à la philosophie, parce qu'il y a toujours un moment où vous ne pouvez pas vous contenter de continuer l'opération fondamentale.

Delphine Isamuta lève alors la main, et c'est très courtoisement, ayant toujours admiré ses manières, que Tocéras lui donne la parole. Elle la prend sans quitter sa place, assise, bien droite, et sans la moindre emphase rhétorique :

— C'est tout à fait clair chez Platon. L'opération fondamentale, chez Platon, est la discussion dialectique. Cette discussion comprend des arguments, parfois des arguments opposés, qui proposent des définitions successives de quelque chose. Par exemple dans *La République*, nous avons une discussion sur l'essence de la vraie politique et nous assistons à une série de réfutations d'arguments opposés, jusqu'au moment où l'on approche, où l'on est tout près de la définition de cette « vraie » politique. On a presque trouvé, dans la médiation d'une certaine Idée du Bien, qui éclaire l'adjectif « vrai », le concept achevé de la politique.

Mais l'Idée du Bien, qui est l'ω du dialogue, échappe encore largement. Certes, la discussion dialectique est une opération fondamentale de la philosophie de Platon. Cependant, même si la discussion dialectique oriente finalement le discours dans la bonne direction, elle ne permet jamais de conclure « absolument » concernant ce qu'on cherche. Alors Platon crée quelque chose de complètement différent, à savoir un mythe, un mythe poétique, ou une histoire, comme l'histoire que raconte Er à la fin de *La République*. Et ces images, ces mythes, sont très exactement en position de coupure, entre d'une part la dialectique, l'orientation générale, tout à fait nécessaire, et d'autre part la certitude, toujours au-delà de la dialectique, que nous sommes dans le Vrai, que l'Absolu, pour parler comme Hegel, est auprès de nous. Ainsi la présence des mythes chez Platon n'est pas une idiosyncrasie propre à certains dialogues, c'est *la seconde opération philosophique* après la création dialectique de concepts par les moyens de la discussion rationnelle.

Repérer deux opérations distinctes dans un système philosophique est une voie féconde pour aborder les grands philosophes. Dans tout système philosophique vous avez ce moment où l'opération apparemment fondamentale du philosophe ne sert plus à rien et doit nécessairement être remplacée par quelque chose d'une autre nature, comme quand, chez notre Maître Platon, nous passons de l'argumentaire dialectique à l'image conclusive.

Et elle se tait, Delphine, elle repose ses mains élégantes sur son pupitre. Un beau et long silence, équivalant à une tornade d'applaudissements, et puis, doucement, Tocéras enchaîne :

— Je vais maintenant parler un peu de moi, puisque après tout j'ai l'ambition d'être un philosophe, et, comme je le préconise, un philosophe systématique.

Comme certains d'entre vous le savent, mon problème est de trouver quelque chose qui soit le résultat dialectique de la contradiction entre universalité et particularité, à savoir une chose qui a une existence particulière, qui a été créée quelque part par quelqu'un ou par des foules (un tableau, un théorème de mathématiques, une révolution politique, une passion amoureuse légendaire...), mais qui, en même temps, possède une valeur universelle, qui peut être comprise dans des mondes très différents, dans l'espace comme dans le temps.

Alors, au moment où je propose que « vérité » soit le nom de ce genre d'exception – cette exception immanente qui est simultanément de nature particulière mais adressée à chacun, avec la possibilité d'une résurrection dans un autre monde –, se pose la question de savoir quelles opérations sont nécessaires pour arriver à construire, ou même simplement à repérer une telle vérité.

À propos du passage d'un nombre à son successeur, de 1 à 2 par exemple, j'ai parlé de « répétition créatrice », parce qu'il y a répétition de l'opération avec production d'un nombre nouveau. Il s'agit donc bien, au sens strict, d'une répétition créatrice.

Je fais la même chose mais avec un résultat différent. À propos du premier infini, ω, qui échappe à la répétition de la même opération, j'ai parlé de coupure. Ce sont là les deux opérations requises en théorie des nombres, comme dans la philosophie dialectique. Que sont ces opérations dans ma systématique philosophique ?

En ce qui concerne l'opération répétitive, qui cependant engendre de la nouveauté, j'ai parlé de *fidélité*. C'est assez clair… Quant à la deuxième opération, celle qui institue une coupure, et commence une nouvelle suite (en mathématiques, le passage à ω qui commence la suite des nombres infinis), je l'ai appelée *événement*. En définitive, une *vérité va être le produit d'une fidélité à un événement.*

Une véritable expérience de l'angoisse, du néant, du nihilisme, peut nous être proposée uniquement par quelque chose qui intervient dans notre vie « normale », qui la trouble, qui lui propose autre chose que la petite différence dans l'invariable identité. Quelque chose qui nous oriente vers l'au-delà de ce qui est répétition, et répétition de la répétition. Le nom de ce moment c'est l'*événement*, et c'est quelque chose qui est une interruption dans nos vies, une coupure dans le monde tel qu'il est. La vérité a pour condition subjective qu'on tente d'être fidèle à l'événement qui nous a séparés de nos habitudes, de notre loi propre de répétition protectrice. Toute la séquence se présente donc ainsi :
*Monde répétitif* //Événement --------/*Fidélité*/------------> Vérité

Ce n'est donc pas exactement l'image arithmétique. Certes il y a quelque chose comme oméga dans le concept de vérité, et quelque chose comme zéro dans le concept de « monde répétitif ». Et il y a bien une interruption au commencement, et un nouveau commencement à la fin. Mais « monde répétitif » est un zéro très approximatif, plutôt une sorte de compacte présence, qui précède en quelque sorte le vrai zéro inaugural qu'est l'événement. Si des vérités existent, et si elles sont des exceptions immanentes, il doit y avoir une interruption au début (une interruption de la masse mondaine par l'événement), parce qu'un début ne peut être le résultat d'une répétition, autrement ce ne serait pas un commencement mais une continuation. Dans mon système philosophique nous avons donc deux interruptions, l'une au début, l'autre à la fin – leurs noms sont l'événement et la vérité – et entre les deux prend place l'opération de la fidélité, qui est naturellement fidélité à un événement, fidélité à une certaine interruption.

La fidélité, c'est l'organisation des conséquences de l'événement, et c'est pourquoi c'est un peu comme une répétition créatrice. C'est d'ailleurs précisément la définition de la fidélité dans le champ de l'amour. L'amour, nous le savons tous, à la différence d'une liaison, ne se réduit pas à la relation sexuelle avec une autre personne, c'est une construction, la construction d'une vie dans l'amour. Dans l'amour, l'événement c'est la rencontre amoureuse, et quand vous rencontrez quelqu'un, au sens fort, vous savez que c'est peut-être le début d'un amour. Mais ensuite il faut construire, créer. Et ce processus est à la fois une sorte de répétition (celle des « je t'aime »), mais dans un autre sens c'est une construction, une invention. Ce processus de répétition créatrice, c'est ça que désigne la fidélité.

Je peux maintenant conclure. Le début d'un processus de fidélité, donc d'une procédure de vérité, se trouve dans le rapport entre être et existence, et c'est une question ontologique. Comment commencer autrement que par ce qui existe, par ce qui est ? Nous commençons toujours par le monde tel qu'il est dans son être et dans son existence. Ensuite, afin d'ouvrir la possibilité de quelque chose de nouveau, nous avons une rupture avec la répétition, que j'appelle l'événement. Pour construire quelque chose sur la base de cette rupture nous devons avoir une forme quelconque de répétition créatrice, c'est-à-dire la fidélité à un événement. Tout cela, à vrai dire, construit un nouveau sujet, un nouvel individu ou un nouveau sujet collectif de l'événement. Par exemple, l'amour construit un nouveau sujet, lequel n'est pas un Un + Un mais un Deux, et ce Deux est le nouveau sujet, qui n'existait pas avant la rencontre et qui n'existe pas avant la fidélité. Finalement une vérité c'est le produit affirmatif d'une construction de type : événement-fidélité-sujet, et c'est une possibilité offerte à chacun. La philosophie est la pensée générale de ce mouvement, celui de sa constitution par deux opérations distinctes, l'interruption et la répétition créatrice, celui de sa séquence de moments, être et existence, événement, fidélité, sujet, vérité. La philosophie c'est la pensée détaillée et synthétique d'un mouvement, le mouvement intégral de la construction d'une vérité. Impossible de soutenir qu'il y a différents morceaux qu'il suffirait d'assembler, parce que ce qui compte c'est uniquement la construction du processus, et ce processus est construit de telle manière qu'il est rationnellement et universellement transmissible.

D'où ma définition : la philosophie est ce qui transmet les fondements subjectifs de ce qui est universellement transmissible.

Tocéras, épuisé, murmure : « À demain. »

Et on entend, venu du fond de la salle, une question posée par B'adj Akil :

« *Demain, alors, c'est, dans le moulin, l'événement ?* »

## Le sixième jour

Tocéras aime commencer par une question. Et encombrer de cette question l'intellect d'un des auditeurs du moulin ne lui déplaît pas. Aujourd'hui, c'est sur B'adj Akil que tombe une sorte de mise en demeure :

— Monsieur Akil ! Sauriez-vous résumer en quelques phrases, mettons deux phrases, ce que la séance précédente nous a permis de penser ?

L'interpellé se lève très lentement et prend la pose inspirée du penseur de Rodin. Auditeurs et parleur retiennent leur souffle. Tout se passe comme si tous attendaient que l'inspiration vienne – la salle reste absolument silencieuse – d'une sorte de complicité avec le bruit sourd du torrent.

Et soudain, tel un prophète inspiré, de sa voix toujours un peu rauque, B'adj Akil fait face au défi :

— Nous avons établi, dans ladite séance, que le processus philosophique comporte différentes étapes, au moins deux, et qu'il n'est donc pas une intuition immédiate de l'infini ou du divin, comme prétend l'être la révélation mystique, ainsi livrée au poème. La philosophie commence, contre tout mysticisme, par l'expérience d'une situation divisée, à savoir que le monde réel peut être examiné soit selon son être, avec l'appui des mathématiques, de la physique et de la biologie, soit selon son existence, avec l'appui de la politique et de l'amour.

Après un temps de silence stupéfait :

— Oui, en deux phrases, il l'a fait, l'ami Akil, il a réussi !

Un tonnerre d'applaudissements, auquel le parleur se joint, asphyxie de sa force purement humaine l'invariable permanence du torrent.

— Très beau commencement, dit Tocéras. Comme dans tout processus, qu'il s'agisse d'une construction matérielle ou d'un trajet de la pensée, le commencement prend place dans une situation donnée, ici celle de l'école du moulin. Mais une situation peut toujours être abordée soit du point de vue de l'être, soit du point de vue de l'existence. Dans le cas qui est le nôtre aujourd'hui, cela veut dire que nous privilégions soit le point de vue de la structure générale de type parleur/auditeurs rassemblés tous les jours dans un moulin, soit la performance singulière, et qui ne sera jamais répétée, de notre camarade.

— Si je comprends bien, intervient Diane Thijud, il y a donc deux interprétations possibles, deux analyses différentes de ce par quoi la philosophie établit son commencement : soit elle opère du point de vue de l'être en tant qu'être, immuable, soit il s'agit plutôt de l'existence, c'est-à-dire du point de vue de ce qui apparaît dans un monde particulier, et qui est passager. J'ai compris. Mais est-ce qu'un grand philosophe, je ne sais pas, moi, un Aristote ou un Auguste Comte, peut pratiquer les deux commencements, s'installer dans les deux visions ?

Xi La Pong se précipite. La dialectique du commencement, il connaît :

— La différence est parfaitement claire chez Hegel, dans ses deux grands livres, la *Phénoménologie de l'esprit* et la *Grande Logique.* Dans la *Logique* la question de la vérité est abordée du point de vue de l'être, et Hegel commence son livre par le concept d'être en tant qu'être, dont il assume qu'il soit totalement vide. Dans la *Phénoménologie*, en revanche, il se place du point de vue de l'existence, de la conscience. Pour autant les deux livres ne sont aucunement en contradiction l'un avec l'autre, ce sont simplement deux interprétations de la construction des vérités, l'une du point de vue de l'être pur, l'autre, du point de vue de l'existence historique, de la spécificité d'un monde, de l'histoire de la conscience.

Glauque, alors, ne veut pas laisser le monopole des distinctions et des totalisations à la culture marxiste de son ami Xi. Il généralise :

— En fait, cette distinction, nous la retrouvons dans toute l'histoire de la philosophie. Chez Platon, par exemple, un livre comme le *Parménide* se place du point de vue de l'être, cependant que *Le Banquet* est du côté de l'existence.

Mais Delphine Isamuta ne veut pas non plus qu'on ignore le mouvement général de la pensée philosophique, lequel va au-delà de la division dialectique où hégéliens et autres marxisants finissent pas stagner :

— N'oublions pas que la question posée reste la même, qu'on l'aborde dans la dimension de l'être ou dans la dimension du paraître : c'est toujours celle de l'exception immanente, de ce qui est advenu comme une création, donc la question de la vérité.

— Certes, approuve le parleur. La distinction entre être pur et apparence, ou entre être et existence, devient, dans l'histoire de la philosophie, une différence méthodologique, qui commande l'écriture de la philosophie, donnant lieu à deux stylistiques différentes. En général, quand un philosophe part de l'être pur, par exemple Parménide, ou Spinoza, son écriture va être aussi purement logique que possible, plutôt stricte, et proche des mathématiques. Tandis que s'il part de l'existence et de la conscience, son écriture s'apparentera plus à un roman, un roman philosophique, comme peut l'être l'histoire de la vérité dès lors qu'on en fait le personnage central d'un monde singulier. C'est le style de Pascal, ou celui de Schopenhauer, ou encore celui de Bergson.

— Où mettriez-vous Heidegger ? susurre John After, du ton de qui glisse dans les pas de son interlocuteur une très gluante peau de banane.

— Laissons le racialo-nazi dans sa tombe ! proteste B'adj Akil.

— Bof ! répond John Atter, chez ton nazi, notre problème est tout entier détenu par la distinction entre « être » et « étant », que Heidegger nomme la « différence ontologique ». L'être en tant qu'être se soutient d'une intuition à la fois centrale et fuyante, quasi poétique, tandis que l'être-étant se soutient de la croyance en un étant suprême, généralement nommé « Dieu ». Je note au passage que la langue anglaise, ma langue, n'a pas de mot pour désigner la différence ontologique. On ne peut même pas dire « l'être », en anglais, « the to be » n'a aucun sens. L'étant n'est pas non plus dicible, « the being » ne vaut guère mieux que le « the to be ». C'est en partie la raison pour laquelle la grande tradition philosophique anglaise c'est l'empirisme, qui est d'ailleurs une vraie création, représentée par des philosophes significatifs, comme Hume ou Locke. L'empirisme soutient qu'il n'y a aucune différence entre l'être et l'existence, voire que « l'être » tout comme « l'existence » sont des mots vides de sens. Dans la langue anglaise, il n'y a pas l'existence comme telle, et encore moins l'être. Il n'y a que des existants. Ce que nous voyons, ce qui apparaît dans le monde, c'est ça et rien d'autre, qui, pour les empiristes, existe absolument. L'empirisme, c'est finalement l'idée radicale que tout ce qui existe relève de notre expérience, et que tout ce dont nous avons l'expérience existe, et donc est.

— Je ne suis pas tout à fait d'accord, coupe doucement Amantha. Il me semble que dans toutes les grandes tentatives rigoureusement empiristes, on finit par retrouver quelque chose qui est de nature ontologique. Je soutiendrais volontiers qu'il est impossible de développer une philosophie consistante qui soit strictement empiriste. Il est de l'être de l'être de toujours rôder aux alentours de l'expérience. Il n'en reste pas moins que les empiristes maintiennent qu'il n'y a pas de différence entre l'être et l'existence. C'est la raison qui fait que, parfois, nous ne parvenons pas à traduire une notion philosophique relevant de l'ontologie dans une langue anglaise vouée à l'empirisme. En anglais, par exemple, quand il est question de subjectivité, on utilise le mot *subject*, mais c'est en fait une anglicisation du mot français « sujet ». Le vrai mot anglais, *self*, n'a pas le même sens que le mot français « sujet », il ne peut le « traduire » vraiment. Quand on est plutôt du côté de l'être que de celui de l'existence, ce sont les concepts ontologiques qu'on a des difficultés à traduire en anglais. Ainsi, la distinction entre être et exister est difficile à rendre jusque dans ses dernières conséquences. La solution généralement adoptée consiste à utiliser *Being* avec majuscule pour ce qui est, et *being* avec une minuscule pour ce qui existe. Comme vous le constatez, le langage est toujours un symptôme car, du côté de l'être, nous avons une majuscule, procédé qui sert à la langue pour désigner quelque chose de plus majestueux, de plus important. Et la tendance en quelque sorte « laïque » de l'empirisme va être de soutenir précisément que ce majestueux *Being*, ce Grand Être, n'est qu'une chimère idéaliste, et qu'il faut se contenter de l'être minuscule, le *being*, lequel désigne ce qui existe, et n'est aucunement autre chose que ce qui est.

Tocéras admire toujours les interventions de sa chère Amantha. Aussi son intervention se présente comme la continuation de celle de la jeune femme :

— Ces considérations lexicales montrent que, pour la philosophie, quelle qu'en soit l'orientation, il y a non pas une seule séquence de concepts entre l'ontologie et l'épistémologie, entre l'être et la vérité, mais deux interprétations possibles de cette séquence, l'une ontologique de bout en bout, et l'autre qui choisit de partir plutôt de l'apparence et de l'existence. On présente parfois cette distinction sous la forme d'une opposition entre la philosophie dogmatique, qui serait une philosophie de l'être, et une philosophie empirique, qui serait une philosophie de l'existence. Mais, comme notre Amantha l'a à bon droit suggéré, toute tentative de construire un système philosophique finit par mélanger les deux orientations.

— Mais, objecte Rémi Glauque, qui semblait pourtant ne rien avoir écouté, pourquoi un philosophe – non seulement un philosophe mais tout quidam qui lit de la philosophie – fait-il choix d'un commencement plutôt que de l'autre ?

Tocéras ouvre la bouche comme pour esquisser une réponse, mais Amantha le double :

— Je pense, proclame-t-elle, que les raisons sont à chercher du côté des différentes manières possibles d'aborder l'expérience primitive du nihilisme. Le rapport au néant et l'expérience du nihilisme sont de nature non pas conceptuelle, mais purement subjective. L'état subjectif inhérent à la nature même de cette expérience est en fait une forme d'angoisse. Quand vous vous reportez aux circonstances de la vie des philosophes, vous repérez toujours quelque chose de cet ordre : beaucoup préfèrent commencer du côté de l'être, parce que commencer par l'existence, solitaire dès lors qu'elle est le commencement, verse totalement le sujet du côté de l'angoisse. Pour qui redoute l'angoisse, qui est en effet une terrible expérience, mettre la question de l'être au commencement vous protège tant bien que mal de cette calamité.

— Oui, oui, maugrée John After. Mais il existe une seconde espèce de philosophes pour laquelle, au contraire, l'épreuve de la négativité induit une tentation : prendre la mesure de la puissance de la vie, expérimenter les limites de la vie. Le philosophe qui est gagné par cette tentation a tendance à se complaire dans la description de cette expérience et de ses conséquences, et la nature réelle de cette expérience va occuper une grande place dans son dispositif philosophique, précisément parce qu'elle est plus, et autre chose, qu'un point de départ à abandonner le plus vite possible. L'angoisse est alors conservée et comme domestiquée par l'écriture.

— Bon, les amis, intervient impérieusement Tocéras, il faut quand même y aller voir de près, il nous faut des appuis dans le réel, nous ne sommes pas des dogmatiques ! Voyez par exemple Descartes, il est typique de la première tendance. Il nous propose, pour commencer, une description très précise du caractère négatif de la possibilité d'être trompé, du risque de tomber dans le nihilisme total avec la destruction complète de toute connaissance, faute d'un critère quelconque nous permettant de reconnaître et d'affirmer le Vrai. On est là dans une sorte d'angoisse artificielle. Mais Descartes passe rapidement à sa première affirmation, laquelle consiste dans le repérage de la subjectivité elle-même : je pense dans l'angoisse, donc je suis, et je vais dissoudre totalement l'angoisse dans cette certitude d'être, laquelle va en outre s'étendre très vite à la certitude qu'un Dieu existe. Si en revanche vous lisez Nietzsche ou Kierkegaard, vous êtes confrontés à une très longue description de l'expérience de la négativité et à une grande importance attachée au caractère existentiel de cette négativité. Chez Schopenhauer, autre exemple, vous avez affaire à une philosophie largement consacrée à la description angoissée de l'existence, à la place stratégique d'une sorte de souffrance d'exister.

— Mais, dit B'adj Akil, ne pourrait-on pas donner de tout ce bazar une interprétation plus contemporaine ? Toujours les grands classiques, c'est à la fin un peu ronronnant.

— Tu parles d'or, Akil ! s'empresse de dire Tocéras. Je voulais aujourd'hui en venir aux deux grands livres qu'a consacrés, pour part à notre question du moment, le philosophe français contemporain Alain Badiou. Les deux livres ont pour titre *L'être et l'événement*, publié en 1988, et *Logiques des mondes*, publié en 2006, donc presque vingt ans plus tard. Comme vous le voyez d'après leurs titres, le premier se situe du côté de l'être, et le second, *via* le concept de « monde », de surcroît mis au pluriel (les mondes), du côté de l'apparence ou de l'existence.

Le premier livre est surplombé par la question de ce que peut être une compréhension de l'être des vérités. Un des grands problèmes que Badiou tente d'éclairer concerne ce qu'on pourrait nommer l'ordre des concepts, à savoir ce que j'appellerais volontiers la subjectivité constructive. Pourquoi était-ce un problème ? Parce que dans la doctrine de Badiou, la vérité arrive à la fin d'un processus qu'on peut résumer ainsi : 1. L'être d'une situation est perturbé par un événement. 2. Être fidèle à cette nouveauté événementielle est ce qui change un individu de la situation initiale en un Sujet. 3. Seul ce Sujet fidèle peut reconnaître et faire connaître la valeur universelle de la vérité que contenait invisiblement la perturbation initiale. Par conséquent, pour comprendre l'être d'une vérité, on est obligé de passer d'une conception de l'être nu à une conception de la vérité subjectivée, en re-posant à chaque fois une modalité neuve de la question initiale, celle de l'être. Il est en effet nécessaire d'explorer ce que c'est que l'être d'un événement, l'être d'une fidélité, l'être d'un Sujet et finalement l'être d'une vérité. La question de l'ordre est absolument essentielle, parce que, si l'on ne respecte pas l'ordre des concepts, il y a quelque chose de la vraie nature de la question qui disparaît, et ce qui disparaît, c'est précisément la question de l'être ! En effet, on se retrouve non pas dans la question de l'être d'une vérité mais dans la question de son existence, de son existence historique pour un Sujet fidèle, lui-même conséquence d'un événement situable dans le temps.

— Qu'est-ce qui vous a fait découvrir, et en quelque sorte adopter, la construction quelque peu tordue de Badiou ? demande, l'air de rien, Delphine Isamuta.

— C'est la conjoncture, l'ambiance philosophique délétère, qui règne à partir des années 1980 et 1990, à la lisière desquelles Badiou publie son lourd pavé. Dans cette époque ouvertement contre-révolutionnaire, revancharde au regard des belles années de soulèvement qui vont de la fin des années 1960 au milieu des années 1980, la question de la vérité s'est vue réduite à une question linguistique. Les questions « importantes » étaient du genre :

Vu la pluralité des langues, peut-on admettre des vérités « universelles » ? Est-ce possible qu'une proposition, exprimée dans une langue donnée, soit universellement vraie ? Quelle est d'ailleurs, si elle existe, la langue correcte pour produire des phrases « vraies » ? Pour ce courant, alors dominant, la question de la vérité devenait la question de la vérité d'une proposition, d'un jugement. Or la vision que Badiou a proposée de ce que c'est qu'une vérité cherche à sortir du pénible jargon formaliste et à sauver la conviction qu'existent, transcendantes aux formes langagières comme aux déterminations sociales, des vérités universelles. Et ce, en conservant un point capital, à savoir que toutes les vérités apparaissent, sont en quelque sorte créées, si bien qu'elles synthétisent l'absoluité du Vrai et la contingence des événements.

Alors Xi La Pong :

— Quels sont les exemples de vérités sur lesquelles s'appuie la démonstration polémique – anti-formaliste, anti-langagière – de Badiou ? Qu'est-ce qui, finalement, est universel tout en étant contingent ? Parce qu'une vérité, si je comprends bien, c'est une synthèse de contingence et d'absoluité, d'advenue temporelle et d'éternité. Des exemples, des exemples !

— Eh bien, pour Badiou, si je le comprends bien, une vérité ce peut être une œuvre d'art, une révolution politique, une théorie scientifique, un grand amour aussi. Ces quatre déterminations sont ce qu'il appelle les quatre « procédures de vérité », ce sont des protocoles créateurs, tout à fait à l'opposé de la question formaliste de la vérité d'un jugement.

— En somme, applaudit Diane Thijud, tout en conservant sa discrétion nordique, ce Badiou nous libère des questions analytiques du genre : Qu'est-ce que je dis quand je dis « la neige est blanche » ? Ce n'est pas non plus : Pourquoi le jugement « la neige est blanche » est-il vrai ? Ou encore : Que suis-je en train de dire quand je dis que l'énoncé « la neige est blanche » est vrai ? Or c'était ça la disposition philosophique dominante de l'époque. On ne demandait pas si la vérité était une création universelle dans la culture, la question portait uniquement sur le jugement, l'énoncé, la proposition. La question de la vérité n'était pas du tout ontologique, elle revenait à se demander ce que c'était qu'une proposition correcte, qu'un énoncé correct.

— C'est pire aujourd'hui ! commente B'adj Akil. Sur les réseaux sociaux, on se vante d'être le citoyen d'un monde « post-vérité » ! Voilà où nous a menés le formalisme : à la souveraineté du rien, ce qui veut dire à l'empire du faux, au bavardage universel, aux ronronnements combinés des réseaux du Rien !

— Eh oui, ponctue Tocéras, ce n'est certes pas Badiou et ses amis qui ont gagné la guerre du Vrai ! Si Clésacalli, notre sophiste de service, était là aujourd'hui, il dirait : « "Post-vérité", ce n'est pas mal, mais ce n'est certes pas encore le but, à savoir qu'il soit interdit de prononcer l'abject mot "vrai", en tant qu'il interdit la création et la volupté du non-étant-qui-est. »

— Mais, dit Delphine Isamuta, on m'a dit que Badiou, c'est plein de mathématiques auxquelles on ne comprend rien.

— Mais c'est ce qu'il y a de mieux dans ses livres ! s'exclame Glauque. Je l'ai lu, moi, *L'être et l'événement*. Et je reconnais que c'est un livre assez sévère. Mais pourquoi ? Parce que Badiou doit rappeler à ses ennemis – *grosso modo*, soit les tenants de la philosophie analytique, qui sont des fervents de la science, soit les relativistes, fanatiques de la linguistique comparée – que, en ce qui concerne la logique ou les mathématiques, ou plus généralement les vraies sciences, ils n'ont rien à lui reprocher. *L'être et l'événement* devait, entre autres choses, démontrer qu'on peut soutenir des thèses complètement contradictoires avec la position analytique comme avec la position relativiste, tout en connaissant parfaitement la logique, les mathématiques et la logique mathématisée. Badiou a posé de nombreux problèmes aux tenants de la philosophie analytique parce que, pour le dire grossièrement, jusque là il avait été possible de déclarer que la philosophie française – avec son existentialisme à la Sartre et ses marxistes volontaristes – se situait du côté de la littérature, de l'interprétation, de l'herméneutique, de l'action pour l'action, donc de l'esthétique, mais qu'elle ne connaissait rien aux questions sérieuses, scientifiques, mathématiques, logiques, ou même sociétales. Avec Badiou, soutenir cette position n'a plus été possible.

— C'est bien vrai, ça, s'exclame B'adj Akil ! Mais Badiou n'a pas seulement mis en difficulté les analytiques, il a aussi dégoûté les sophistes paresseux ! Notre compère Clésacalli en personne a écrit dans je ne sais quel torchon : « Badiou écrit un jargon pseudo-mathématique insupportable, que personne ne comprend ! »

— Notez la violence du propos, ponctue Tocéras. Kant l'a déjà observé : le champ intellectuel que laboure la philosophie est un champ de bataille.

— Mais après tout, pour autant que je sache, ce Badiou n'est pas non plus un enfant de chœur ! ponctue Glauque.

Tocéras, soucieux de la température du moulin, veut à la fois dynamiser et apaiser le jeu spéculatif :

— Qui peut l'être, quand on manie des questions cruciales dans des directions opposées ? Comme vous le constatez, une philosophie doit toujours être considérée dans son contexte, lequel est généralement fait de contradictions, de luttes, de difficultés. La subjectivité badiousienne de *L'être et l'événement* est en conséquence une subjectivité clivée, avec d'un côté l'ordre, les mathématiques, la pure construction, les démonstrations, et de l'autre une subjectivité combattante qui s'oppose à la victoire apparente de la tendance analytique dominante, comme du reste à tous les académismes pseudo-philosophiques. On ne s'étonnera pas qu'il en ait résulté un livre assez froid, un livre qui prend volontiers la forme d'une construction mathématique accomplie, alors même qu'il reprend toutes les catégories de l'ontologie, de Parménide à Heidegger, et en relève le sens dans un contexte intégralement rationalisé.

Lors de sa parution, *L'être et l'événement* fut totalement ignoré, ce fut un échec complet, notamment en France. La première reconnaissance du livre, je dois le dire, a eu lieu aux États-Unis. C'était au fond, pour Badiou, une étrange situation. Il m'a dit un jour : « Ces succès, à Los Angeles, Boston ou New York, m'obligeaient narcissiquement à aimer quelque chose des États-Unis, lesquels étaient abstraitement pour moi [je n'y avais jamais mis les pieds avant les années 1990, quand j'approchais de soixante ans] la patrie académique de la pseudo-philosophie analytique d'une part, et d'autre part le cœur de tout le système capitaliste et impérial des tristes années 1980. »

Le sort du second « grand livre » de Badiou, *Logiques des mondes*, est absolument différent. Il a été écrit après que le premier eut été largement reconnu dans le monde, et n'a donc pas été conçu dans la situation d'échec qui a accompagné, à ses débuts, la parution de *L'être et l'événement*. Le contexte ayant complètement changé Badiou a pu écrire *Logiques des mondes* dans une subjectivité plus libre, voire plus anarchique.

Mais il se fait tard ! Notre cher moulin s'assombrit ! Nous parlerons des mondes et de la diversité de leurs logiques dès demain. Au fil de vos nuits, méditez ce qui mérite d'être, et méditez aussi – après tout, c'est notre sujet – ce qui ne mériterait pas d'exister.

# Le septième jour

Le moulin ne donne presque plus signe de vie, tant à l'extérieur – on dirait que le soleil a desséché jusqu'au murmure de l'eau – qu'à l'intérieur, où le public a considérablement diminué. C'est qu'on a entendu, de-ci de-là, dans les dortoirs et les douches, les études et les cours, les chemins et les prairies, pas mal de remarques du genre : « Je ne suis pas venu ici pour entendre du Badiou à longueur de journée. » Et aussi : « Badiou, l'addition d'un communisme ringard et de la nébuleuse théorie mathématique des infinis, très peu pour moi ! » Ou encore : « Après Heidegger et après l'élan des sciences humaines, on ne va quand même pas ressusciter les antiques constructions systémiques et métaphysiques ! »

Mais Tocéras, le disciple, tient bon :

— Je vais, aujourd'hui et demain, vous proposer d'expérimenter la différence de contenu, de pensée, entre les deux livres cruciaux de Badiou, *L'Être et l'événement* et *Logiques des mondes*. Je voudrais emprunter avec vous le chemin secret qui va de l'un à l'autre, alors qu'ils sont en apparence si différents, voire, sur plusieurs points, opposés. Au fond, il s'agit d'un exercice qui concerne ce dont nous avons déjà amplement parlé, à savoir l'être et l'existence, ou encore le premier et le second commencement de toute philosophie véritable.

Ma méthode sera explicitement scolaire. Je vais m'appuyer sur deux passages extraits d'œuvres en quelque sorte secondaires de Badiou. Le premier est tiré d'une conférence prononcée non pas juste après *L'être et l'événement* mais en 1994, sous le titre « Éthique de la vérité : construction et puissance ». Le second date de 2007, soit juste après *Logiques des mondes*. Je commencerai aujourd'hui par vous lire des extraits du premier texte en les commentant, et nous aborderons le second dans un deuxième temps. Cela pour que vous ayez une sorte d'expérience sensible de la différence de style entre les deux livres, laquelle est comme une orchestration de la différence intra-philosophique entre le fait de partir de la nudité homogène de l'être et celui de partir de l'infinie variété des mondes.

Tout d'abord, comme il est normal au point où nous en sommes, voici un petit texte qui nous dit comment Badiou aborde la notion de vérité :

> Je partirai de l'idée suivante : une vérité est avant tout quelque chose de nouveau. Ce qui transmet, ce qui répète, nous l'appellerons un savoir. Il est essentiel de distinguer la vérité du savoir. C'est

> une distinction qu'on trouve déjà dans l'œuvre de Kant et qui est pour Heidegger, lequel oppose la vérité, *aletheia*, à la connaissance ou science, *technè*, une distinction capitale
> Si toute vérité est quelque chose de nouveau, quel est alors le problème philosophique essentiel la concernant ? Je dirais que c'est le problème de son apparition et de son devenir. Une vérité doit être soumise à la pensée, non pas en tant que jugement, mais en tant que processus s'inscrivant dans le réel.
> [...]
> Pour que le processus de la vérité commence, il faut que quelque chose arrive. Ce qui est déjà là, la situation du savoir en tant que tel, n'engendre que la répétition. Pour qu'une vérité puisse affirmer sa nouveauté, il faut qu'elle apporte un supplément.

Ici un bref commentaire. Dans *L'être et l'événement*, ce supplément est conçu en effet non seulement comme une coupure dans la situation mais comme un supplément à cette situation. Badiou le nomme « événement » :

> Ce supplément relève du hasard. Il est imprévisible, incalculable. Il est au-delà de ce qui est. C'est ce que j'appelle un événement.
> Une vérité apparaît dans sa nouveauté parce qu'un supplément événementiel interrompt la répétition.

Exemples : L'apparition, avec Eschyle, de la tragédie, l'irruption, avec Galilée, de la physique mathématique, une rencontre amoureuse qui change toute une vie, ou la Révolution française de 1792.
Un événement est lié à la notion de l'indécidable. Prenez l'énoncé : « Cet événement fait partie de la situation. » Si vous pouvez, en utilisant les règles du savoir établi, décider si cet énoncé est vrai ou faux, l'événement n'était pas un événement, car cela signifie qu'il était calculable de l'intérieur de la situation. Rien ne permet de dire : ici commence une vérité. Il va falloir faire un pari. C'est pourquoi une vérité commence par un axiome de vérité. Elle commence par une décision. La décision de dire que l'événement est arrivé.
Le fait que l'événement est indécidable impose comme contrainte qu'un sujet de l'événement apparaisse. Un sujet de ce genre est constitué par un énoncé dans la forme d'un pari. Cet énoncé se présente ainsi : « Ce qui a pris place, je ne peux ni le calculer, ni le démontrer, mais j'y serai fidèle. »

Commentaire : Ainsi, la question de l'événement, dans *L'être et l'événement*, est directement en corrélation avec le sujet. L'événement existe, naturellement, mais nous n'avons ni preuve ni démonstration de son existence. La seule attestation, la seule « preuve » de l'événement, c'est la décision du sujet, la décision de ce nouveau sujet, et les conséquences qui en découlent. Poursuivons :

> Un sujet est, pour commencer, ce qui fixe un événement indécidable, parce qu'il prend le risque de le décider.
> Cela engage la procédure infinie de vérification de la vérité.

Je ponctue. Comme vous le constatez, le commencement d'une vérité est une décision, et le processus d'une vérité est la vérification de cette décision. Nous ne pouvons avoir aucune garantie au début, la garantie est rétroactive. La garantie est la vérification rétroactive de ce que ma décision était une vraie décision, et ainsi c'est dans les conséquences de la décision et non pas dans la décision elle-même que nous avons la procédure infinie de vérification de la vérité. D'où ceci :

> C'est l'examen intérieur à la situation des conséquences de l'axiome qui décide de l'événement. C'est l'exercice de la fidélité. Rien ne règle son cours, sinon le fait que l'axiome qui est à la base a arbitré en dehors de toute règle du savoir établi.

Remarquez que tout cela se situe hors de toute règle fixée de la situation. Nous n'avons aucun savoir nous permettant d'orienter le processus. Nous n'avons que les conséquences de la première et pure décision. Ce que le texte inscrit ainsi :

C'est par conséquent une démarche hasardeuse, une démarche sans concept.

Qu'est-ce qu'un choix pur, un choix sans concept ? C'est manifestement un choix entre deux termes indiscernables. Deux termes sont indiscernables si aucun effet de langue ne permet de les distinguer. Et si aucune formule de la langue ne distingue entre deux termes de la situation, il est certain que le choix, que la vérification, passant par l'un de préférence à l'autre, ne peut trouver aucun appui dans l'objectivité de leur différence. C'est donc un choix absolument pur, libre de toute présupposition autre que celle de l'obligation de choisir, sans aucune autre indication, parmi les termes proposés, celui par lequel la vérification des conséquences de l'axiome va commencer.

Tout cela est très important. L'événement arrive, mais dans un sens c'est seulement le sujet qui confirme que l'événement est arrivé, donc il s'agit bien d'une décision. Après la décision intervient le processus de vérification terme à terme, mais il n'y a dans la situation aucun savoir objectif préexistant qui soit en mesure d'orienter le choix. Évidemment ! Parce que si nous avions quelque chose de ce genre, l'événement ne serait pas un événement mais une simple partie de la situation. Après un événement nous sommes confrontés à une succession de purs choix, qui n'ont rien d'irrationnel, mais qui ne sont pas inclus dans le savoir interne à la situation, qui ne sont pas validables par les lois du monde considéré. Quelque chose doit être décidé sans aucune garantie préalable, et c'est cette succession de choix qui représente le processus de vérité, ce que le texte décrit ainsi :

> Cela signifie que le sujet d'une vérité demande l'indiscernable. L'indiscernable organise le pur point du sujet dans le processus de vérification. Un sujet est ce qui disparaît entre deux indiscernables.

Vous avez là une définition du sujet : un sujet fait des choix purs, c'est-à-dire une série de choix entre des termes indiscernables. Rappelons ici que deux termes indiscernables dans un monde sont deux éléments de ce monde que le langage et les savoirs du monde concerné ne peuvent distinguer, et auxquels le langage en vigueur dans ce monde ne peut du coup attribuer des noms différents. C'est pourquoi on peut dire que le sujet, c'est, à travers le choix qu'il fait entre deux indiscernables, quelque chose comme une disparition. D'où la comparaison que voici :

> Un sujet c'est comme le lancer des dés qui n'abolit pas le hasard mais l'accomplit comme une vérification de l'axiome qui le fonde. Ce qui a été décidé concernant l'indécidable événement doit passer par ce terme, indiscernable de son autre.

Ainsi, dans la construction post-événementielle d'une vérité, nous devons décider, en tant que Sujet, entre deux termes qui, selon les lois établies dans le monde, sont indiscernables. Et notre décision en faveur d'un des termes manifeste notre conviction que les conséquences de l'indiscernable événement doivent passer par ce terme-là. Ou encore :

> Tel est localement l'acte d'une vérité. Il consiste dans un choix pur entre deux indiscernables. Il est alors absolument fini.
>
> Par exemple, le monde de Sophocle est un sujet pour la vérité artistique qu'est la tragédie grecque, vérité qui a été initiée par l'événement Eschyle. Cette œuvre est une création : un pur choix dans ce qui auparavant était indiscernable, à savoir, précisément, la tragédie très principalement textuelle, en tant que figure dont l'autre terme était le destin essentiellement musical du même texte. Au fond, Sophocle « coupe » entre deux termes indiscernables du vieux rituel, le texte et sa profération musicale, et fonde ainsi, comme conséquence de l'événement Eschyle, qui hésite encore sur ce point, la tragédie comme genre séparé. En tant que telle, l'œuvre de Sophocle est finie. Cependant la tragédie elle-même, en tant que genre de la vérité artistique, continue « à l'infini », au moins jusqu'à notre Racine. Et l'œuvre de Sophocle est un sujet fini de cette vérité infinie.

> De la même manière, la vérité scientifique décidée par Galilée consiste à disjoindre les lois physiques du mouvement de toute représentation qualitative, narrative, de l'univers, comme celles que proposent les textes religieux, et qui composaient une totalité entre Nature et Dieu. Galilée coupe dans cette totalité, alors même que les deux termes sont, religieusement, indiscernables. Et la physique, depuis, ainsi créée, se poursuit à l'infini dans un élément générique mathématisé, la vérité de la science physique étant dès lors fondée sur un concept des lois naturelles totalement séparé de tout principe premier. Les lois de la physique qui ont été successivement inventées sont les sujets finis de cette vérité, laquelle fait de la « nature » une totalité générique mathématisée.
>
> La continuation se fait dans le cadre du processus d'une vérité. Celui-ci a commencé par un événement indécidable. Il trouve son acte dans un sujet fini confronté à l'indiscernable, et la séquence de vérification se poursuit, en investissant la situation par des choix successifs.

C'est là un point dont nous pouvons faire l'expérience nous-mêmes. Par exemple dans le cas d'un amour, d'un amour vrai, nous avons une succession de choix. La construction d'une vérité se présente toujours sous cette forme et rien ne détermine cette succession. Si vous aviez une détermination préalable par le savoir, il ne pourrait pas y avoir de construction de quelque chose de réellement nouveau. J'en reviens à ce que nous avons dit plus haut : une vérité est fondamentalement une création qui demeure irréductible au contexte de la situation. Il s'agit de quelque chose de nouveau, justement parce que ce n'est pas déterminé par la situation. Nous devons donc inclure dans la définition de la vérité le fait que la vérité se construit à partir d'une succession de choix qui ne sont pas réductibles à l'exécution d'une détermination interne à la situation. C'est pourquoi la construction progressive d'une vérité a quelque chose à voir avec le hasard pur, d'abord le hasard de l'événement, puis les hasards successifs de choix sans détermination aucune. Je pense que pour comprendre ce point vous pouvez vous référer à vos propres expériences de participation à une vérité, qu'il s'agisse d'un engagement politique, de l'acceptation d'un grand amour, ou de l'effet produit par une œuvre d'art. Quel que soit le cas nous avons à faire des choix précisément là où ils ne sont pas déterminés par les termes du choix. C'est ainsi que se produit quelque chose comme un choix pur, qui est dans la dépendance d'un événement et qui est le choix d'être fidèle à l'événement à travers la série des choix eux-mêmes. Nous ne pouvons pas avoir de certitude primitive concernant la valeur de ces choix, mais nous devons les faire. C'est à travers ce type de choix et leur déploiement à l'intérieur de la situation que s'opère la construction d'une vérité à l'intérieur même du monde frappé par l'événement :

> Petit à petit se dessinent les contours d'un sous-ensemble de la situation, dans lequel l'axiome événementiel vérifie ses effets. Il est clair que ce sous-ensemble est infini et qu'il reste interminable. Pourtant on peut affirmer que si nous supposons qu'on peut le terminer ce sera inéluctablement un sous-ensemble que n'unifie aucun prédicat. Un sous-ensemble intotalisable.

C'est là le point le plus délicat. L'idée, c'est que par des choix successifs nous construisons quelque chose de nouveau dans la situation, quelque chose dont le nom est vérité. Nous sommes dans une situation, toujours, et nous y construisons, par des choix successifs, quelque chose de nouveau. Et ce quelque chose de nouveau est, d'un point de vue ontologique, purement et simplement un sous-ensemble de la situation, une collection singulière d'éléments de cette situation. Une fois de plus, comme nous sommes non pas à l'extérieur mais à l'intérieur de la situation, une vérité ne peut qu'être un sous-ensemble de la situation. Mais ce sous-ensemble ne peut pas être déterminé ou construit par le monde tel qu'il est, ni par la situation telle qu'elle est, parce que si tel était le cas ce sous-ensemble ne serait pas nouveau. Si par exemple il s'agissait d'un sous-ensemble de voitures, ou de tables, ou de tout ce que vous voulez dans la situation, naturellement ce ne pourrait être quelque chose de nouveau. Si nous avions un nom à l'intérieur de la situation pour désigner le nouveau sous-ensemble, alors il ne serait pas nouveau puisqu'il aurait pu, dans la situation, et donc avant l'événement, être désigné, identifié par un nom existant. Un sous-ensemble peut être nouveau uniquement s'il n'a pas de nom, c'est-à-dire, uniquement s'il n'est pas identifiable dans la situation du point de vue du savoir.

Ce n'est pas facile de comprendre et d'accepter l'idée qu'un sous-ensemble construit dans la situation ne puisse pas être reconnu par le savoir de la situation. Mais s'il a été construit par des choix purs, sans aucune détermination préalable, il ne peut pas y en avoir de reconnaissance par le savoir de la situation. Et ainsi, un tel sous-ensemble ne peut pas avoir de nom, il faut obligatoirement qu'il soit anonyme. Il y a donc un rapport entre une succession de choix libres qui constituent sans aucune référence à la situation un sous-ensemble de la situation et la construction d'une vérité. Une vérité ne peut pas être une partie du savoir, les deux sont distincts l'un de l'autre.

L'exemple le plus simple qu'on puisse choisir est probablement celui de l'amour. Un événement est une pure rencontre entre quelqu'un et quelqu'un d'autre, et la décision qu'il s'agit d'un événement se concentre dans une déclaration, par exemple la déclaration « Je vous aime ». La décision qu'une telle rencontre avec quelqu'un est un événement et non pas quelque chose qui est dans les lois de la situation, que c'est quelque chose d'absolument nouveau dans votre vie, se traduit toujours par une déclaration. Une déclaration n'est rien d'autre qu'une décision. Bien sûr, nous faisons l'hypothèse qu'il s'agit d'une vraie décision et non pas d'une décision intéressée, à savoir que vous n'êtes pas en train de dire « je vous aime » uniquement pour des raisons financières, ou même pour un simple désir sexuel. À partir de cette décision, « vraie », nous pouvons construire quelque chose qui est le réel d'un amour et nous savons parfaitement par nos expériences que pour cela nous avons à faire un certain nombre de choix, une succession de choix libres, concernant la sexualité, l'organisation de la vie, le fait d'avoir un enfant, les aléas de la tendresse, le rapport aux amies et amis, et ainsi de suite. Tout cela doit être décidé, et il n'y a en général rien dans la situation, ni savoir, ni loi, qui autorise ou détermine ces choix. Ultimement vous devez inventer la loi du choix parce qu'elle n'existe pas, qu'elle ne préexiste pas au choix. Ainsi tout amour est singulier, tout amour est une création. Finalement, à travers cette succession de choix, vous construisez un sous-ensemble de la situation qui est le réel de votre amour, et ce sous-ensemble n'a pas de nom dans la situation. Certes il y a un nom abstrait, c'est un « amour », mais le nom de cet amour précis n'existe pas. Peut-être allez-vous aussi, dans la foulée, lui inventer un nom : « Notre amour s'appelle… » Mais en général, pour trouver le nom d'un amour, il faut écrire un poème, voire un roman…

Récapitulons : Une vérité est une construction ; sous le paradigme d'un événement, c'est une décision concernant cet événement, une succession de choix libres, la construction, dans la situation imposée, d'un sous-ensemble, d'un sous-ensemble sans nom, qui n'est pas inclus dans le savoir de la situation. Si une vérité n'a pas de nom dans la situation ou dans son savoir, c'est que le nom résulte d'une succession de choix libres qu'aucune loi préexistante ne détermine. *Un sous-ensemble de ce genre est un sous-ensemble qu'on appellera générique.* Le concept central de *L'être et l'événement* est sans doute celui de sous-ensemble générique, parce que tel s'avérera être l'être d'une vérité. Un ensemble générique est un ensemble qui n'est pas inclus dans le savoir de la situation et, en ce sens, c'est vraiment un sous-ensemble nouveau à l'intérieur de la situation, un sous-ensemble qui n'a ni nom, ni place dans le savoir, et qui est donc quelque chose comme un supplément de la situation. Telle est la solution du problème de l'être d'une vérité : l'être d'une vérité est un ensemble générique. Ainsi *L'être et l'événement* était bien une réponse à un problème, et nous avons là la solution de ce problème.

Bon. Voilà de quoi méditer, fût-ce la corde au cou, sur la manière dont Badiou traite notre ancienne question, posée ici même : Qu'est-ce que commencer, et qu'est-ce, si j'ose dire, que continuer un commencement, le re-commencer ? C'est le bon moment pour nous arrêter, le re-commencement ! Demain, on re-commence !

Cela dit, Tocéras sort du moulin en courant.

## Le huitième jour

Après sept jours de réunion dans le calme du moulin, doucement syncopé par l'eau claire, et remué par les houles de la philosophie, on peut dire du parleur Tocéras et des huit auditeurs (l'Inconnu et l'Inconnue ne sont toujours pas arrivés), comme La Fontaine le fait des animaux malades de la peste : « Ils ne mouraient pas tous, mais tous étaient frappés. » Les longues pérégrinations entre être et existence, soutenant la querelle entre tenants de l'empirisme et tenants de l'ontologie, si indispensables qu'elles soient, ont fatigué l'auditoire au moins autant que le parleur. Certes, en ce huitième jour, ils sont là tous les huit, les trois filles (Amantha, Delphine et Diane) et les quatre garçons (John, B'adj, Rémi et Xi), sans oublier le huitième, l'inclassable Clésacalli, mais leur présence a quelque chose d'incertain, de mal reposé, d'exagérément volontaire. De fait, c'est l'inlassable Amantha qui a morigéné les absents du septième jour et les a persuadés que « ça allait changer ». On allait voyager. Le parleur n'a-t-il pas lui-même déclaré – au demeurant, d'après Amantha, bien à tort, mais passons – que *L'être et l'événement*, le « grand livre » de Badiou qui a occupé presque deux séances, est un livre « un peu froid » ? Amantha a promis que ce huitième jour serait réchauffant, consacré qu'il est à une tout autre partie du travail de Badiou, tournée cette fois non vers le vide mathématisé de l'être-multiple, mais vers l'infini et inépuisable réservoir de différences qualitatives que nous propose la multiplicité des mondes. C'est Tocéras lui-même qui, arrivant très en retard, relance l'inquiétude, d'autant plus qu'il est essoufflé et qu'il commence par la phrase entortillée que voici : « Ce soir je ne vais pas m'engager dans une quelconque polémique, au contraire j'ai l'intention de détailler la proposition que nous fait Badiou, dans son livre *Logiques des mondes*, d'un nouveau concept de l'existence, et je serai aussi prodigue en exemples concrets que l'est l'intention purement existentielle de Badiou, lequel trouve le moyen d'introduire la notion de « degré de l'intensité d'existence dans un monde donné ».

— Mais, se risque à dire Xi La Pong, si l'existence est un degré, c'est un nombre, et nous retombons dans la mathématique quantitative. Que devient alors la différence entre être et existence ?

B'adj Akil est devenu au fil des jours un disciple de Xi La Pong, le grand dialecticien du moulin, celui qui, comme le disait une moquerie de John After, « sait diviser en deux parts contradictoires même l'Un en personne ». Il pense donc tout à fait nécessaire de montrer qu'il a bien assimilé les leçons de Xi :

— En fait, nous risquons de retomber dans Heidegger ! Pour lui, la différence entre être et existence n'est rien d'autre qu'une dualité d'exposition de l'être. L'être en tant qu'être, c'est *Sein*, et l'existence, c'est l'être disposé quelque part, c'est *Dasein*… Finalement, si on voit les choses comme ça, l'être mange l'existence.

— Pas mal ! réagit Tocéras, pas mal ! Mais moi, dans le sillage de Badiou, je fais un pas de plus : j'existentialise cette dualité de l'être ! Que l'existence se dise *Dasein* évite au concept d'être en direction d'une topologie, le *da*, le « là ». Et de fait, je propose de déterminer le concept très général d'existence par la nécessité de penser la place, ou le monde, où toute chose est. Et le point clé, c'est que cette place n'est pas déductible de l'être en tant que tel.

— Mais tout de même, objecte Clésacalli – qui semblait dormir dans son coin, et avoir été soudain réveillé par le mot « Heidegger » –, là, vous faites une impasse inexcusable ! C'est du torchis de cellules cervicales ! Il est totalement évident que pour Heidegger, *Da-sein*, – et finalement, « existence » –, c'est un nom pour l'être humain, pour le destin historique de la bête humaine, la vraie, celle qu'est pas juive ou nègre ! C'est l'Allemand casqué aux bottes ciragées qui brandit son *Dasein*, son être-là, comme affirmation de l'être tout court ! Comme supériorité ontologique ! Et les autres sont là, mais pas des être-là, ce sont des *Da-da*, et pas, comme l'est Monsieur Heidegger, des *Da-sein* !

— Bah ! rétorque Tocéras, je vous en supplie, laissez Heidegger tranquille ! Je ne suis aucunement heideggérien, et Badiou l'est si possible moins encore ! Il propose un concept de l'être-là et de l'existence sans faire le moins du monde référence à quelque chose comme la conscience, l'expérience ou l'être humain dans sa déréliction historique. Je vais vous montrer, après lui, comment on peut penser un concept purement relationnel de la faible distance qui sépare une multiplicité prise « en soi », et cette même multiplicité prise « ici », dans son lieu, dans le monde. Et tout cela n'a aucune relation avec quelque chose comme un sujet, et encore moins avec la liberté. Non seulement Badiou, ce n'est pas du Heidegger, mais ce n'est pas non plus du Sartre.

Ma proposition se développera en trois parties. D'abord une très courte partie ontologique. Quel est notre concept de l'être en tant qu'être ? La réponse sera : il est multiple, c'est une multiplicité. Ensuite, quel est notre concept de la localisation de quelque chose qui est ? Qu'est-ce qu'être là ? La réponse sera : être dans un champ transcendantal, sans sujet. Enfin, qu'est-ce que l'existence ? La réponse sera : l'existence est le degré de l'identité de quelque chose à soi-même dans un monde, c'est son existence dans ce monde. Vous qui êtes au courant de tout ça, chère Amantha, pouvez-vous nous introduire à la notion de « chose » telle que la voit Badiou, au-delà de l'essai fameux de Heidegger qui a pour titre *Qu'est-ce qu'une chose* ?

— C'est pas de la tarte, cette affaire ! maugrée l'intéressée. Je dirais, comme ça, que la chose, c'est cette forme de l'être qui se situe certainement *après* l'indifférence du néant, mais également *avant* la différence qualitative de l'objet. Nous devons donc formaliser le concept de « chose » entre d'une part l'évidence absolue du néant et de l'autre la complexité des objets dans un monde déterminé.

Et Amantha se tait.

— Qui d'autre ? demande Trocéras.

Rémi Glauque se lève :

— Une chose n'est rien d'autre qu'une multiplicité. Non pas une multiplicité d'objets, non pas un système de qualités, un réseau de différences, mais une multiplicité de multiplicités, et une multiplicité de multiplicités de multiplicités. Et ainsi de suite. Y a-t-il une fin à ce type de « dissémination », pour parler comme Jacques Derrida ? Oui, il y a un point d'arrêt. Mais ce point d'arrêt n'est pas un objet primitif, ni une composante atomique, ce n'est pas une forme de l'Un. Le point d'arrêt est nécessairement aussi une multiplicité. C'est la multiplicité qui est la multiplicité d'aucune multiplicité, la « chose » qui est aussi rien, le vide, la multiplicité vide, l'ensemble vide. Si une chose est entre indifférence et différence, entre néant et objectivité, c'est parce qu'une pure multiplicité est composée du vide.

Et Rémi Glauque se tait.

— Qui suit ? demande Trocéras.

Le silence, qui suit cette demande, n'est interrompu – si on peut « interrompre » un silence – que par une sortie très sonore, très peu vide, de Clésacalli :

— Là, on est vraiment dans le trou ! Tout le monde finit dans le Rien. Même le quelque chose, c'est du Rien en conserve. C'est ça, la « philosophie » de Badiou : une plongée pseudo-mathématique dans un trou noir de l'esprit. Voilà ce qu'on finit par fabriquer, quand on est un communiste qui ne veut plus savoir ce que c'est qu'un Français, ou un Italien, ou un Mexicain ! À force d'ignorer les identités, on bâtit la politique sur le sable mathématisé du Rien !

— Eh bien, ma foi, reprend calmement Trocéras, voilà notre objecteur professionnel qui se lance dans une objection à laquelle il est dur d'objecter. Qui s'y colle ?

John After monte en ligne, mais sans trop s'engager :

— Je vais faire une sorte de dissertation, hein, je me dégage de toute allégeance à Badiou. J'expose sans la moindre dose d'allégeance.

— T'es bien anglais, toi ! dit Xi La Pong. Tu réciterais le catéchisme protestant, en protestant que ça ne t'engage à rien !

— Bon, bon, grogne Trocéras, mais que dire sur ce qu'est, pour Badiou, un objet dans un monde ?

John After se dévoue :

— Après la *mathématique* de l'être en tant qu'être, nous avons à développer les différentes *logiques* des mondes. Contre Kant, Badiou affirme que nous connaissons l'être en tant qu'être (le pur multiple et le vide), et que nous connaissons également la manière dont cette chose-en-soi apparaît comme phénomène, comme objet, dans un monde déterminé. L'idée générale est que lorsqu'une figure du multiple – un ensemble – est localisée dans un monde, c'est *parce que les éléments de l'ensemble sont inscrits dans une toute nouvelle évaluation de leurs identités*. Il devient possible de dire que cet élément de l'ensemble, mettons *x*, est *plus ou moins identique* à un autre élément, par exemple *y*.

Dans l'ontologie classique il n'y a que deux possibilités : ou bien *x* est le même que *y*, ou bien il n'est pas du tout identique à *y*. Vous avez soit l'identité stricte, soit la différence. À l'inverse, dans un monde concret, en tant que lieu de l'être-là de multiplicités, nous avons une grande variété de possibilités. Une chose peut être très semblable à une autre, ou semblable sur certains points et différente sur d'autres, ou un peu identique, ou très identique mais pas tout à fait la même, etc. Ainsi, tout élément d'une chose peut être mis en relation avec d'autres par ce que nous appellerons un degré d'identité. La caractéristique fondamentale d'un monde est la distribution de ce type de degrés sur toutes les multiplicités qui apparaissent dans ce monde.

Ainsi, le concept même d'apparaître, ou d'être-là, ou de monde, possède deux caractéristiques. D'abord un système de degrés, avec une structure élémentaire permettant la comparaison entre degrés. Nous devons être capables d'observer si telle chose est plus identique à telle autre qu'à une troisième. Ainsi les degrés ont de toute évidence la structure formelle d'un ordre. Ils admettent, peut-être dans le cadre de certaines limites, le « plus » et le « moins ». Cette structure est la disposition rationnelle des teintes infinies, des nuances inter-objectives d'un monde concret. Badiou appelle cette organisation ordonnée des degrés d'identités le *transcendantal* d'un monde. Deuxièmement, nous avons une relation entre les choses (les multiplicités) et les degrés d'identités. C'est là précisément le sens de « être-dans-un-monde » pour une chose. Munis de ces deux déterminations nous aurons la signification du devenir objet de la chose.

Supposons qu'un couple d'éléments d'une multiplicité apparaît dans un monde. À ce couple correspond un degré d'identité. Il exprime le « plus » ou le « moins » d'identité entre les deux éléments de ce monde. Ainsi, à tout couple d'éléments va correspondre un degré dans le transcendantal du monde. Nous appelons cette relation une fonction d'identité. Une fonction d'identité, opératoire entre certaines multiplicités et le transcendantal du monde, tel est le concept fondamental de la logique de l'être-là ou de l'apparaître. Si une pure multiplicité est une chose, une multiplicité accompagnée de sa fonction d'identité est un objet du monde.

— Bravo John, s'écrie Delphine Isamuta. Non mais, c'est vrai ! Là, j'ai compris quelque chose ! Une pure chose, c'est un multiple, et avec le grand appareil des comparaisons, des formes d'ordre, du plus et du moins, qui caractérisent un monde déterminé, cette chose devient un objet du monde ! Ça marche, cette affaire !

— Mais attention, reprend Trocéras, pour ne pas réduire Badiou à une sorte de schéma pauvre, il faut prendre garde à deux points essentiels.

Premièrement, il est très important de garder présent à l'esprit qu'il y a beaucoup de type d'ordres, et par conséquent beaucoup de possibilités pour l'organisation logique d'un monde. Nous devons assumer l'existence d'une infinité de mondes différents, non seulement au niveau ontologique (on identifie une multiplicité, une chose, qui est dans un monde et pas dans un autre), mais au niveau logique, celui de l'apparaître et de l'existence. Deux mondes avec les mêmes choses peuvent être absolument différents l'un de l'autre parce que leurs transcendantaux sont différents. À savoir, les identités entre les éléments d'une même multiplicité peuvent différer radicalement au niveau de leur être-là dans un monde ou dans un autre.

Deuxièmement, dans un monde il y a toujours un certain nombre de limites d'intensité d'apparaître. Un degré d'identité entre deux éléments varie entre deux cas limites : les deux éléments peuvent être en fait « absolument » identiques, pratiquement indiscernables dans le cadre logique d'un monde ; ils peuvent être absolument non identiques, absolument différents l'un de l'autre, n'avoir aucun point commun. Et entre ces deux limites, la fonction d'identité peut exprimer le fait que les deux éléments ne sont ni absolument identiques, ni absolument différents. Il est facile de formaliser cette idée. Dans un ordre transcendantal vous avez un degré minimal et un degré maximal d'identité. La plupart du temps vous avez une quantité de degrés intermédiaires. Ainsi, si dans un monde, pour un couple d'éléments, la fonction d'identité prend la valeur maximale, nous dirons que les deux éléments sont absolument identiques dans ce monde, ou ont le même apparaître, le même être-là. Si la fonction d'identité prend la valeur minimale nous dirons que les deux éléments sont absolument différents l'un de l'autre, et si la fonction d'identité prend une valeur intermédiaire, nous dirons que les deux éléments sont identiques dans une certaine mesure, mesure qui est marquée par un degré transcendantal intermédiaire.

Nous avons une compréhension profonde et difficile de ce qui arrive à une multiplicité quand elle apparaît vraiment dans un monde, ou quand elle n'est pas simplement réductible à sa pure composition immanente. La multiplicité qui apparaît doit être comprise comme un très complexe réseau de degrés d'identité entre ses éléments et ses parties. Nous devons faire attention à la logique de ses qualités et pas seulement à la mathématicité de leur extension. Nous devons penser, par-delà son pur être, quelque chose comme une intensité existentielle.

Xi La Pong, très concentré, croit pouvoir interrompre le Maître :

— Vous nous parlez tout à coup d'existence, d'intensité existentielle. Mais jusqu'ici, nous n'avons à notre disposition que « être » (le multiple pur) et « apparaître » (la référence au transcendantal d'un monde). Qu'est-ce que peut bien signifier « exister » ?

— Très bonne question ! s'exclame Trocéras. Je vous indique immédiatement la réponse. Pour Badiou, l'existence est le nom que porte la valeur de la fonction transcendantale d'identité, quand on l'applique à un seul et même élément. C'est pour ainsi dire la mesure de l'identité d'une chose à elle-même. Plus précisément : étant donné un monde et une fonction d'identité prenant ses valeurs dans le transcendantal de ce monde, nous appellerons « existence » d'un être qui apparaît dans ce monde le degré transcendantal assigné à l'identité de cet être à lui-même. Ainsi définie, l'existence n'est pas une catégorie de l'être (mathématique), c'est une catégorie de l'apparaître (logique). En particulier, « exister » n'a pas de sens en soi.

— Mais c'est du Sartre tout craché ! s'écrie Delphine Isamuta. Pour Sartre aussi, « exister » ne peut être dit que relativement à un monde.

— Bien vu, note le parleur. Mais la machinerie de Badiou est un peu plus complexe, ou plus rationnelle, que celle de Sartre. Nous pouvons et devons appliquer à l'existence les remarques formelles que je faisais plus haut. Si, par exemple, le degré d'identité d'une chose à elle-même est le degré maximal, nous pourrons dire que la chose existe dans le monde absolument, sans aucune limitation. Dans ce monde, la multiplicité affirme complètement sa propre identité. Symétriquement, si ce degré est le degré minimal, nous pourrons dire que cette chose n'existe pas dans ce monde. La chose est dans le monde, mais avec une intensité qui est égale à zéro. Nous pouvons donc dire que son existence est une non-existence. La chose est dans le monde, mais son apparaître dans le monde est la destruction de son identité. Ainsi, l'être-là de cet être est d'être un inexistant du monde. Souvent, l'existence d'une multiplicité dans un monde n'est ni maximale ni minimale. La multiplicité existe alors « dans une certaine mesure ».

— Mais, objecte B'adj Akil, dans cette construction savante, que devient l'expérience du réel ? Que devient par exemple la mort ?

— Bonne question, déclare en se levant Diane Thijud. Figurez-vous que quand j'étais à l'université, où du reste, hélas, je suis toujours, j'ai fait une dissertation sur le sujet que le type dingue qui me tenait lieu de prof m'avait proposé, à savoir : « Y a-t-il des théories modernes de la mort ? » Vous parlez d'une histoire ! Un copain m'a fait lire des morceaux de Badiou, précisément dans *Logiques des mondes*, consacrés à cette foutue mort, et j'ai fait mon papier à partir de ça. Je l'ai dans mon sac, je peux vous le lire ?

La petite salle, forte de ses neuf occupants (ni l'Inconnu ni l'Inconnue ne sont encore arrivés), crie « oui, oui, oui ! » avec une énergie à faire trembler le moulin et disperser sa roue dans l'écume du torrent. Trocéras s'assied en disant :

— J'écoute, comme tout le monde !

Alors, pour lire, Diane Thijud retrouve son élégance tranquille, cette sorte de timidité active qui compose sa séduction :

— D'après Badiou, tout ce qu'on peut affirmer du fait de « mourir » c'est que, dans un monde déterminé, et s'agissant d'un élément de ce monde, c'est un changement d'apparaître, dont l'effet est que cet élément, cette chose, passe, pour le transcendantal du monde où elle apparaît, d'une existence à l'intensité positive – même si cette intensité n'est pas maximale – à une existence qui est minimale, c'est-à-dire nulle relativement au monde. Tout le problème est de savoir en quoi consiste un tel passage. Je me limiterai à deux remarques.

Premièrement, ce qui se passe dans la mort, c'est un changement de la fonction d'identité d'un multiple donné. Ce changement est toujours imposé à la chose qui meurt, et cette imposition lui vient du dehors. La formule la plus précise est celle de Spinoza : « Aucune chose quelle qu'elle soit ne saurait être détruite, si ce n'est par une cause extérieure. » Il est donc impossible de dire d'un multiple qu'il est « mortel » : la mort vient du dehors.

Deuxièmement, il s'ensuit que la méditation de la mort est vaine en elle-même, ainsi que Spinoza le dit aussi : « L'homme libre ne pense à rien moins qu'à la mort et sa sagesse est une méditation sur la vie et non une méditation sur la mort. » C'est parce que la mort n'est que la conséquence d'une action extérieure que la pensée doit se tourner non vers le mort ou le mourant, mais vers l'événement qui a transformé localement, en l'occurrence dans la chose mourante, sa valeur transcendantale dans le monde. Mourir, c'est, sous la pression d'éléments extérieurs au monde où l'on existe, cesser d'appartenir à ce monde. Mourir est une rechute de l'objet dans le statut de pur multiple indifférent.

Tout cela indique pourquoi nous ne pouvons être d'accord avec une philosophie de la mort et de la finitude. Il n'y a pas de statut ontologique de la mort. D'aucun existant on ne peut dire que c'est un « être-pour-la-mort ». Parce que l'existence est un degré transcendantal et rien d'autre, nous devons demander avec saint Paul : « Mort, où est ta victoire ? » Mourir, exactement comme exister, est un mode d'être-là, et donc une corrélation purement logique. La philosophie de la mort se résume en une seule phrase : N'ayez pas peur de la logique d'un monde ou des jeux de l'existence. Nous vivons et nous mourons dans bien des mondes différents.

## *Le huitième jour*

Un silence total, un long silence, salue, ce jour-là dans le moulin rendu à son eau vive, quoi ? Tous les morts, peut-être, en tant que provisoirement renvoyés à l'abstraction du Multiple.

# Le neuvième jour

Il fait ce matin une sorte de divine transparence du temps. Le moulin semble flotter sur l'eau comme une vaste pirogue. Tocéras met longtemps à entrer, captivé qu'il est par la calme beauté du lieu. Entre-temps, Rémi Glauque a mis au point, en complicité avec John After, une question quelque peu agressive. Dès que le parleur entre, ce complot franco-britannique déplie son propos. Glauque prend la parole sans l'avoir demandée :

— Nous avons jusqu'à aujourd'hui parlé de la philosophie du point de vue de sa définition, de son orientation soit analytique, soit dialectique, ou encore en relation avec des tensions contradictoires, comme celle que nous avons repérée entre être et existence. On a embrigadé dans ces examens quelques philosophes plus ou moins notoires, de Platon à Hegel, ou de Heidegger à Badiou. Je voudrais bien que nous revenions aujourd'hui sur l'enracinement de la philosophie dans les mondes réels.

— Oui, approuve John After, et d'autant plus que ce rapport de la philosophie et des philosophes au réel de leur temps reste problématique. D'un point de vue historique on peut soutenir que la philosophie est pour ainsi dire absolument de son temps, qu'elle l'assume complètement. Les interventions orales ou écrites d'un philosophe, ses interlocuteurs, les écoles qu'il fonde, les responsabilités qu'il accepte, et même ses amours ou sa mort, font partie intégrante de son image sociale, et concernent des situations historiques bien définies. Mais on peut dire aussi que la philosophie fait profession d'être extérieure à son temps, dans la mesure où elle s'alimente invariablement à des sources temporellement très éloignées. Depuis les Parménide, Platon ou Aristote jusqu'à, disons, les Descartes ou les Leibniz, on constate que la philosophie, même celle qui est écrite de nos jours, se considère volontiers comme contemporaine de la Grèce antique ou de Louis XIV.

— C'est juste, tout ça, reprend Delphine Isamuta. Prenons l'exemple d'un père fondateur incontesté : Socrate. Socrate était certes une figure du présent de la Grèce ancienne, il s'adressait à tout un chacun, dans les rues comme sur les terrasses, il participait activement à la vie politique de la cité, puisqu'il a même été responsable d'un conseil municipal. En outre il a été soldat dans certaines des guerres et des grandes batailles engageant Athènes. Il était vraiment un citoyen de sa cité, quelque chose comme un homme public, pas du tout une figure à part et retirée. En cela il s'exposait et était totalement exposé au pur présent. Mais par ailleurs il n'était pas vraiment inscrit comme tout le monde dans les déterminations de son temps, de sa cité, et cette attitude a naturellement été interprétée par bien de ses concitoyens comme une forme d'absence, voire d'opposition, et en tout cas comme quelque chose d'anormal. C'est ce que montre la comédie d'Aristophane, *Les Nuées*. Cette pièce est une très violente charge contre Socrate, représenté comme un personnage lourdement comique, extérieur tant aux lois de la cité qu'à ses pratiques et à ses usages communs, qui prône, par rapport à l'argent ou aux institutions, des idées et des relations bizarres. Personnage central de la pièce d'Aristophane, il y est présenté comme parfaitement anormal, presque comme un fou. Cette image théâtrale de Socrate, le premier philosophe, est en totale contradiction avec l'idée que nous avons de cet homme, qui est pour nous la figure même de la moralité exigeante et d'une vision de la société incluant la possibilité, voire l'obligation, de s'y engager jusqu'au risque assumé du sacrifice de sa vie. Les deux images me semblent en parfaite contradiction l'une avec l'autre. Que signifie cette tension subjective, presque incompréhensible ?

— Ne peut-on pas dire, intervient Xi La Pong, que le philosophe entretient avec son temps et avec son pays un rapport dialectique ? Il accepte évidemment d'y vivre, et même de s'en réclamer, mais finalement c'est comme s'il était un étranger, venu d'un pays idéal dont l'existence est douteuse.

Tocéras s'arrache au charme du dehors, à la méditation du torrent, au profil mouvant des arbres, et engage le fer, comme à son habitude, par une déclaration d'accord total et de paix définitive :

— Eh bien, je dirais, moi, que cette contradiction est un excellent exemple de la relation paradoxale que la philosophie, *via* le philosophe, entretient avec son présent. Cette relation paradoxale fait partie du noyau même de la philosophie, et ce, pour des raisons abstraites mais fondamentales. On admettra volontiers, sans discussion, que le but concret que poursuit la philosophie classique est que tout individu puisse orienter son existence de façon aussi juste et créatrice que possible. Mais son objectif théorique est de résoudre le problème du rapport entre particularité et universalité, ou plus généralement de construire un nouveau concept de la vérité. C'est quelque chose qui peut se dire de toute philosophie : elle cherche à construire un nouveau concept de la vérité qui soit du côté de l'universel, mais qui puisse entrer en relation serrée avec la particularité tant du monde que des sujets. On pourrait presque considérer cette tension comme une définition générale, ou minimale, de la philosophie. La forme en quelque sorte « pratique » d'une semblable définition c'est que, lorsque le philosophe s'adresse à quelqu'un pour lui transmettre ce qu'il pense être des conséquences de la « vraie vie », il ne parle pas seulement de concepts abstraits, il parle de la vie réelle dans un monde existant, afin de provoquer chez son auditeur une transformation de sa subjectivité agissante.

Un silence radieux conclut cette tirade.

— Tout de même, rugit presque Xi La Pong, la vraie philosophie, qui est matérialiste, sait bien que la vie ordinaire – celle qui n'a pas rencontré la philosophie de Marx, de Lénine ou de Mao – ne connaît pas son propre réel, qu'elle est une action passive, déterminée par les lois de la situation, par la famille, par le travail, par l'oppression exercée par des classes dominantes. Or toutes ces déterminations se situent au niveau de la nécessité, nécessité de la survie, de la continuation de la vie, de la recherche d'une vie aussi supportable que le monde le permet. Du coup, la vie ordinaire, la vie ignorante de l'idéologie libératrice, consiste largement dans l'ajustement de la subjectivité aux lois du monde. C'est le phénomène de l'aliénation. Cependant cette détermination ne crée pas, par elle-même, un réel *sens* de la vie, elle en dessine seulement le contexte concret, et cherche le protocole d'acceptation de ce contexte qui soit le plus tolérable possible. Ce à quoi elle aboutit, au mieux, est une vie où fait défaut toute considération sur ce qu'est et ce que pourrait être le sens de la vie, dans ce monde, mais aussi, éventuellement, dans un monde différent. Nous avons là une question de relation entre intériorité et extériorité, entre le sujet et le monde, la loi finale étant du côté du monde, dans la mesure où être inscrit dans le monde est une nécessité, une condition même de la vie. Or une inscription de ce genre, totalement en rapport avec le présent, ne peut donner lieu qu'à une vie désorientée. Pourquoi ? Parce que la loi de cette vie est la loi du monde et que, comme le monde en tant que tel n'a aucune raison de proposer à un sujet une orientation universellement appropriée à ce sujet, la loi de la vie revient finalement à la perpétuation du monde tel qu'il est. Le monde, dès lors, est moins la proposition d'un sens, d'une « vraie vie », que la cause possible, voire probable, d'une désorientation fondamentale du sujet concerné.

Face à cela, la philosophie révolutionnaire mais également la religion et certaines formes de sagesse énoncent, dans un premier temps, que le monde tel qu'il est n'est pas en capacité de produire le sens de la vie, ce qui est en partie une critique de ce monde, de la vie ordinaire et de l'absence de réflexion sur son sens. Et dans un second temps elles proposent un sens possible de la vie, ou ce que je préférerais nommer une orientation.

Nous pouvons, et nous devons – telle est l'action possible de la philosophie –, penser autrement notre singularité, penser beaucoup plus aux orientations possibles, tant individuelles que collectives, et à leur possible valeur universelle, et ce, à telle fin que notre identité, au sens profond du terme, devienne suffisamment indifférente aux lois du monde pour désirer passer outre, ce qui rend possible qu'on se propose de participer à la création d'un autre monde.

Le Sujet, philosophiquement orienté, peut devenir aussi indifférent aux obligations du monde que, par exemple et symétriquement, dans nos sociétés, l'État, le gouvernement ou le pouvoir sont, eux, indifférents à la vie de l'homme ou de la femme qui vivent, de façon si je puis dire ordinaire, sous l'autorité de cet État, de ce gouvernement, bref, de toutes les formes du pouvoir telles qu'elles structurent le champ politique du monde concerné. Pour l'État, l'habitant ordinaire du monde qu'il régit est un nom, un numéro, une carte d'identité, un votant dans l'isoloir, il est finalement quelque chose de relativement insignifiant, et l'État, en dépit de ses rodomontades à propos des « citoyens », ne se soucie guère de lui. Bien sûr, il se soucie grandement des grands hommes d'affaires, des généraux de l'armée, des bailleurs de fonds et des vedettes médiatiques. Mais l'importance de ces gens est liée à la singularité de leur rapport permanent aux formes du pouvoir. De façon générale, l'État ne prend pas notre véritable intériorité en considération, pour lui nous existons, non pas en tant que sujets orientés, mais seulement en tant qu'occupants passifs d'une place sociale. Du point de vue de l'État, par exemple, les travailleurs venant d'un pays étranger, les immigrants, les ouvriers, les pauvres sont réduits uniquement à leur nom, à leur nombre, tels qu'ils figurent sur des listes, sur des papiers. Et sans papiers ils sont tout juste bons à être expulsés. La relation entre l'individu et le monde est donc, si n'intervient aucune philosophie de l'émancipation, totalement dissymétrique, au profit des lois du monde contre la singularité subjective qui cherche son orientation créatrice, orientation dont tout sujet est capable.

— Oui, oui, mille fois oui ! clame B'adj Akil. Tout sujet est capable de vaincre son aliénation. Cependant, même si le monde, fondé qu'il est sur des différences de classe, de statut, d'origine, est fondamentalement indifférent à l'orientation de notre existence nous ne pouvons pas, nous, philosophes, animés par le désir d'une orientation vraie, être indifférents au monde. Aussi l'une des nombreuses raisons, sans doute la plus profonde, qui explique l'existence de la philosophie, c'est que celle-ci tente d'apporter une réponse rationnelle à la question de ce que nous pouvons faire pour dépasser la pure inscription passive de notre subjectivité dans le monde tel qu'il est. Ou encore, que faire pour créer, entre cette subjectivité et le monde, un rapport qui ne soit pas soumis aux lois de ce monde ? Et même, si c'est possible, que faire pour inverser ce rapport, en le centrant sur l'orientation subjective, individuelle ou collective ?

Tocéras prend un air pensif, mais ne dit rien. Diane Thijud comble ce silence en expliquant pourquoi elle reste perplexe :

— Finalement, ce que vous pensez et désirez, vous les activistes, c'est une philosophie qui ouvre à un individu la possibilité de conférer à sa propre vie une réelle signification, une réelle orientation. Mais à mon avis, cela ne voudra pas dire pour autant la fin de la détermination par l'extérieur, parce que avoir une orientation ne signifie pas que les lois du monde ont disparu. C'est simplement la possibilité de déterminer une orientation de la vie qui ne soit pas entièrement réductible à ces lois. En d'autres termes, l'existence de la philosophie permet non pas d'abolir entièrement la détermination par les lois du monde, mais de créer une nouvelle dialectique entre la subjectivité et ces lois, ou entre l'intérieur et l'extérieur, entre l'immanence et le pouvoir.

— Soyons encore plus pragmatiques, dit John After, ce qui compte en fait c'est de ne pas être réduit à la place qu'on occupe. C'est pourquoi la philosophie propose toujours aux individus autre chose qu'une place, à savoir les outils mentaux d'une orientation créatrice. À charge pour eux de faire travailler ces outils…

— Elle n'est pas seule à faire cela, objecte Xi La Pong, il y a aussi la religion, notamment les religions « occidentales », comme les différentes variantes du christianisme. Le véritable sens du concept religieux d'âme – qui à mon sens est une sorte de substantialisation inutile de ce qu'on peut appeler une orientation subjective – c'est que l'âme est précisément une définition de l'individu qui ne le réduit pas à un corps disposé dans un monde. L'âme est le concept le plus pur (et sans doute le plus vide) de l'intériorité, et affirmer l'existence de ce double intérieur de nous-mêmes est une proposition dont résultent deux choses importantes. La première c'est que du coup tout être humain est identifié non pas par sa place dans le monde, mais en tant que substance immortelle : l'âme, en effet, est non pas sous la loi du monde extérieur, mais sous la loi de Dieu. Et la seconde chose qui résulte de cette proposition de l'existence d'une âme, c'est une forme d'égalité, entièrement abstraite et fallacieuse, entre les êtres humains, car l'âme de celui qui est né roi ou futur héritier d'une société capitaliste prospère ne vaut pas en elle-même plus que l'âme de l'ouvrier venu d'Afrique au prix d'épreuves presque insoutenables.

On doit retenir du succès mondial des fables religieuses au moins ceci : dans la mesure où la contradiction entre notre vie individuelle et le monde revêt presque constamment une forme oppressive, une proposition selon laquelle l'intériorité pure de l'individualité, sa capacité de choix, son désir actif d'orientation ne sont pas réductibles à la loi du monde a une très grande force, car elle dit que ce n'est pas dans ce monde, par ce monde de souffrance, que le sens de la vie est décidé. Et ce sens, qui est arraché à la pesanteur des lois du monde, son nom le plus fort, le plus invariant, dans la philosophie, est *justice*.

— Eh bien oui, deux fois oui, coupe Tocéras. Qu'est-ce finalement que la justice ? Et pourquoi l'idée de justice est-elle si importante dans la philosophie, dans le champ intellectuel ou politique, mais aussi pour l'État ? Pourquoi l'idée d'un monde juste est-elle ce qui, à la fin des fins, oriente toute création subjective véritable ? La justice, c'est précisément l'idée d'une sorte d'harmonie entre les déterminations extérieures et la volonté humaine, sa capacité créatrice, individuelle ou collective. C'est l'idée qu'il est universellement possible de créer un monde dont la détermination ne s'oppose pas entièrement à l'orientation créatrice des vies, y compris les vies les plus démunies, les moins bien traitées par les vieilles lois du vieux monde. Et la création d'un tel monde propose aux sujets des orientations subjectives, des tâches créatrices, aussi immédiates que complexes, aussi présentes que nourries de rêveries orientées. Des tâches effectuables dans le présent du vieux monde.

La question du présent est largement liée à la question de la justice. Nous pouvons définir le présent créateur de la justice à partir de cette contradiction subjective entre l'idée d'une orientation propre de la vie et sa détermination par les lois du monde. La justice peut donner sens au présent en orientant la vie dans une autre direction que celle d'une continuation du monde tel qu'il est.

Par ailleurs, l'idée de justice, en tant que proposition d'anéantissement de l'injustice du présent, est aussi une subversion complète de l'idée de place. J'appelle « place » ce à quoi nous sommes contraints par le monde et son pesant verdict, à savoir que, principalement, ce qui importe, c'est de rester à sa place. Il est d'ailleurs très difficile de ne pas être à sa place, et cela peut même devenir rapidement dangereux. En général nous restons donc, tous autant que nous sommes, à notre place. La question de la justice est naturellement liée à ce type de détermination, que ce soit dans un contexte marxiste, où la place est définie en termes de classe sociale, ou dans un contexte différent. Ainsi, on pourrait définir le présent par la forme que prend la contradiction entre intériorité et détermination externe, laquelle se manifeste en général par la réduction de votre identité à votre place dans le monde, avec pour conséquence que la vie et l'existence sont désorientées, car réduire l'existence à une place objective revient à priver la vie de tout sens.

— Et la philosophie, dans cette affaire ? demande non sans malice Delphine Isamuta. Quelle différence entre la philosophie et la religion ?

Et alors, Tocéras :

— Pour la philosophie, c'est par la transformation du monde, en utilisant des moyens qui sont ceux qu'on a pu trouver dans ce monde, qu'on peut accéder à la justice. La philosophie, du moins la philosophie matérialiste, la seule qui soit moderne, propose d'atteindre la justice par les seuls moyens de la rationalité, les moyens de la raison humaine, les dispositions créatrices des sujets humains, sans recours aucun à un pouvoir supérieur émanant d'un autre monde. La différence entre philosophie et religion ne porte évidemment pas sur le but : on peut toujours soutenir que le but, à savoir « que justice soit faite », est le même. La différence porte sur l'absence totale de garantie extérieure de la proposition philosophique, qui ne doit rien à la puissance d'un supposé Dieu, et qui représente une possibilité de justice immanente au monde lui-même, purement terrestre, et une réalisation de ce possible par des moyens purement humains.

Par ailleurs, comme le fait la religion, la philosophie affirme l'existence de vérités éternelles, lesquelles existent sous la forme de vérités universelles, « universel » étant à entendre dans un sens spatial (vrai « partout ») mais aussi dans un sens temporel (vrai « toujours »). En effet, si une vérité est vraiment universelle, elle pourra être comprise non seulement dans un autre monde aujourd'hui, mais également dans l'avenir, exactement comme, bien des siècles après leur invention, les mathématiques grecques peuvent encore être comprises, ou comme nous pouvons encore apprécier certaines œuvres picturales ou certaines sculptures du Moyen Âge, ou nous réjouir d'écouter une cantate de Bach. Une vérité étant universelle, tant dans l'espace que dans le temps, on peut soutenir que l'universalité de la vérité est une forme d'éternité. Une vérité est éternelle précisément parce que, créée ou existante dans un monde particulier, elle peut être adressée et ressuscitée dans un monde d'époque inconnue. On peut parler ici d'éternité, parce que le destin d'une vérité n'est pas assignable à un temps donné, particulier, fût-ce à celui de sa propre origine.

Diane Thijud intervient alors, comme si le propos de Tocéras était incomplet :

— Un troisième point que la philosophie et la religion ont en commun, d'après moi, c'est que toutes les deux reconnaissent qu'il y a quelque chose qui n'est pas réductible au temps, à son temps, quelque chose qui propose pour la vie une orientation qui n'est pas seulement pour aujourd'hui mais aussi pour demain. Et ça, c'est finalement l'idée de la résurrection, à savoir la possibilité que quelque chose qui était mort, oublié, puisse finalement revenir à la vie. C'est le cas pour l'âme dans la fable religieuse, comme c'est le cas pour les vérités dans la philosophie. La différence, c'est que dans les récits religieux la transcendance divine concentre dans une seule personne la vérité, sa garantie et la justice qui s'y rattache.

Il y a alors un silence compact, comme si la méditation de cette mise à mort partielle de la religion par la philosophie méritait, pour les huit auditeurs et finalement pour le parleur lui-même, un temps de réflexion muette. C'est évidemment Tocéras qui s'attribue le pouvoir de conclure :

— Ainsi, pout tout résumer, la philosophie est en rapport avec le présent par l'idée de justice et en rapport avec l'éternité par l'idée de vérité. C'est bien pourquoi il y a toujours quelque chose de subversif dans la philosophie : on ne peut la réduire ni au monde tel qu'il est, ni à la promesse religieuse. Il s'ensuit que la philosophie est en contradiction tant avec l'État qu'avec l'Église, l'État qui prétend concentrer la justice dans une bureaucratie multiforme, et l'Église qui gère la permanence de la fable des deux mondes, le terrestre et le céleste, et ne pense la justice que comme étant, en définitive, une prérogative de Dieu.

Pour la philosophie, l'existence des vérités conditionne la possibilité de la justice, pour la raison fondamentale que les sujets humains sont tous égaux devant l'universalité des vérités. Et si cette vérité est politique, chacun, armé de cette vérité, est alors l'égal de tout autre, quelle que soit la situation du monde. Ainsi, il est possible de soutenir que la philosophie est tout entière orientée par l'idée que l'éternité des vérités peut exister dans le temps, que l'éternité est créée dans le temps, et même que le seul fait que l'humanité est capable de créer des vérités est déjà, en un certain sens, une forme de justice. Pour la philosophie, qu'il y ait un sens dans le présent, un sens dans notre vie individuelle et collective, est rendu possible par son orientation selon une ou des vérités. Et orienter nos vies dans le présent par une fidélité vraie à un avenir, c'est précisément ce qu'on peut appeler l'Idée, rejoignant ainsi notre père fondateur, Platon.

L'Idée, c'est aussi une relation concrète entre l'éternité des vérités et l'orientation du présent.

Cette relation a reçu différentes appellations. Les philosophes sartriens la désignent comme *l'engagement*, et pour eux la vraie vie exige qu'on s'engage dans la construction ici-bas d'une justice égalitaire, éclairée par les vérités politiques. S'engager dans une vérité, c'est aller au-delà de la place qui est la nôtre. Aller au-delà de notre place est la même chose que soutenir la création d'une relation entre vérité et justice. Ou encore : toute justice exige du sujet un dé-placement. Se dé-placer crée la possibilité d'un salut purement terrestre. Ce que vaut notre vie peut être réévalué « en vérité », selon ce qu'est notre participation à l'universalité de quelques vérités. Et nous pouvons ainsi être sauvés, être sauvés sans âme, sans Dieu, sans paradis, sans le terrible Jugement dernier. Nous pouvons assurer nous-mêmes notre salut en allant au-delà de notre place, en dépassant collectivement nos déterminations sociales, en allant au-delà de notre destinée probable. Et cette sorte de mouvement ressemble fortement – faisons ici une concession verbale à la religion – oui, cela ressemble, quoique purement terrestre, à une rédemption.

— Arrêtons-nous là ! crie Xi La Pong. Un pas de plus, et cette dialectique circulaire va nous verser derechef dans le bourbier religieux !

— Mais, dit calmement Diane Thijud, y serions-nous plus mal que dans l'entortillement sans fin du discours philosophique ?

— Bon, bon ! arbitre Tocéras. Sortons dans le murmure du torrent ! Nul, au moins, ne doute de son existence !

Et tous, silencieusement, franchissent le pont qui, au-dessus du torrent, relie le moulin des promesses à la terre du réel.

# Supplément : le dixième jour

Note de Tocéras *:*

*Au lendemain du neuvième jour, et notamment des murmures muets – que j'ai tout de même entendus – concernant les ultimes supériorités de la philosophie sur toute autre méditation, tant en ce qui concerne le sens de l'existence que les tâches impliquées par ce sens, j'ai compris une chose : je devais recueillir des questions écrites de mes huit auditeurs, afin que rien de ce qu'ils pouvaient objecter, transformer ou illustrer ne restât ignoré. Je consigne ici, comme un jour supplémentaire de nos méditations, les questions posées par les auditeurs, que j'ai regroupées, et les réponses à ces questions que moi, le parleur, je propose.*

*J'ai cru devoir répondre aux questions de l'Inconnu et de l'Inconnue, arrivés très en retard, en fait, le tout dernier jour des séances orales. Ils n'ont pu, c'est dommage, rester assez longtemps pour que nous jouions avec eux au jeu de « Qui suis-je ? ».*

*J'ajoute qu'un onzième jour sera le papier que j'ai distribué, en sus de mes notes sur notre stage, papier qui contient un grand nombre de ce que j'appelle des « exercices de philosophie contemporaine ».*

*A/ Questions portant sur le rapport entre la philosophie et le contexte historique et culturel, y compris sur l'état des procédures de vérité (science, art, politique, amour) dans la société considérée.*

**Question 1, posée par B'adj Ali :** Si des sociétés indigènes sont incapables de se livrer à des investigations philosophiques dans le cadre de leurs propres traditions et dans leur propre langue, comment peuvent-elles participer, en tant que sociétés ou en tant qu'individus, à la production d'un avenir, sans abandonner leurs cultures et sans s'occidentaliser ? La philosophie est-elle nécessaire ou désirable dans un cas de ce genre ? N'est-il pas possible que, en ce qui concerne l'interrelation des êtres vivants et des phénomènes naturels, la philosophie occidentale soit relativement en retard par rapport à certaines traditions indigènes ?

La question du rapport entre les sociétés dominantes et les sociétés plus pauvres ou plus faibles dans le monde contemporain est aujourd'hui une question centrale. Pour moi, sur ce point élève ou disciple de Badiou, la question de l'universalité n'est pas d'abord une question de philosophie, c'est, pour le dire directement dans son langage, la question de l'existence de vérités, donc la question de la création, dans un contexte déterminé, culturel, langagier, historique, de quelque chose qui a valeur universelle.

Cela veut dire la création de quelques vérités. Ce genre de création ne relève nullement de la philosophie, c'est plutôt la philosophie qui en dépend : sans vérités créées dans le contexte historique concerné, pas de philosophie.

Ce théorème ne veut pas dire qu'avec des vérités, il y a *obligatoirement* de la philosophie. Le caractère particulier des vérités, et non leur seule existence, influe fortement sur l'existence ou non de la philosophie. Cependant, nous devons absolument soutenir que, formellement, la possibilité de la philosophie existe dans toutes les sociétés où ont été créées quelques vérités, ce qui veut dire en fait, dans toutes les sociétés. La possibilité qu'existent des vérités, donc des créations à valeur universelle, n'est nullement réservée au monde occidental. La philosophie constitue un domaine de pensée très particulier, qui d'ailleurs, même dans ce monde occidental, existe très inégalement. Son existence réelle est sous condition de l'existence de certaines vérités particulières, dans le registre des créations artistiques, des inventions mathématiques, d'une forte tradition concernant la puissance de l'amour, de grands poèmes, de théories politiques novatrices, etc. Tout cela doit exister avant la philosophie et indépendamment d'elle. Et tout cela peut donc exister dans n'importe quelle société, après quoi la philosophie peut, dans certaines circonstances, ne pas exister, ou bien, dans d'autres, elle peut exister.

J'ai donné quelques exemples de vérités qui étaient des créations de sociétés n'appartenant pas au monde occidental, comme la théorie de la guerre défensive en Chine, la sculpture dans certaines zones de l'Afrique, l'art du roman dans le Japon médiéval, la poésie épique en Islande… C'est pour la philosophie un devoir que de tenir compte de toute création, qu'elle soit ou non une création du monde occidental, susceptible d'être comprise universellement et d'être ainsi réactivée, en tant que vérité, hors de son contexte langagier et culturel.

Par ailleurs, bien qu'étant une création dépendante de certaines combinaisons entre procédures de vérité, la philosophie s'adresse, comme les vérités elles-mêmes, à tout un chacun. Et ainsi, là où elle n'existe pas, la tâche du philosophe est d'abord de comprendre que, dans cette société sans philosophie, des vérités existent, des créations originales à valeur universelle existent, et que la philosophie doit en tenir compte. Il lui revient ensuite d'expliquer pourquoi la philosophie n'existe pas dans tous les contextes culturels. Après ça, le philosophe devra également être convaincu, et convaincre tout le monde que, en entrant en contact avec des vérités nouvelles, la philosophie devient tout à fait possible dans telle ou telle culture particulière où elle n'existait pas. Son devoir est alors non seulement de la propager dans cette culture, mais de l'enrichir des vérités singulières qui y sont créées. Il n'y a donc aucune contradiction entre l'existence, localisable historiquement, de la philosophie, et l'existence de sociétés et de cultures qui ne font pas historiquement partie du monde occidental.

Enfin, la tâche de la philosophie, en particulier de sa partie la plus dépendante de la procédure de vérité politique, c'est de combattre l'idée que le monde occidental, « démocratique » et impérialiste, serait supérieur à tous les autres mondes historiques. Ce n'est pas parce que la philosophie est une création du monde occidental que cela signifie que ce monde est le meilleur des mondes ! En créant la philosophie, le monde occidental a créé un outil dont la finalité est largement de servir à une critique radicale de ce même monde. Je soutiendrais volontiers que les prétendues philosophies qui vantent leur berceau occidental, les philosophies « démocratiques », ne sont que des servantes d'un impérialisme décadent et néfaste, et qu'elles n'ont, en définitive, aucune valeur philosophique à portée universelle.

**Question 2, posée par John After :** Vous avez parlé de l'effet qu'ont eu en Grèce les démonstrations mathématiques sur la philosophie. Pensez-vous que la physique quantique a eu, ou aura un effet sur la philosophie contemporaine ? A-t-elle, d'une manière ou d'une autre, eu une influence sur votre pensée ?

On peut aisément démontrer que la philosophie n'aurait pu commencer en Grèce sans la combinaison originale entre la poésie épique venue du fond des âges et l'invention toute « moderne » des mathématiques formelles et démonstratives. C'est le couple formé, disons par Thalès et Homère, qui a engendré la possibilité de la philosophie. Il est tout à fait juste de se demander si une révolution intellectuelle dans le domaine de la physique, comme par exemple la création de la mécanique quantique, a produit des effets dans le champ de la philosophie. Ma réponse est naturellement « oui ». La conséquence la plus importante de ce développement est assurément que c'est à la médiation de la mécanique quantique que nous devons l'irruption de la probabilité dans le regard que nous portons sur la matière du monde, et que c'est grâce à elle que nous n'avons plus une vision entièrement déterministe de la physique.

Dans la philosophie de Badiou telle que je la conçois, l'inclusion de l'événement, et donc d'une certaine forme de hasard, dans la définition de la vérité, est en tout cas en correspondance avec le principe d'indétermination introduit par la mécanique quantique. Un de mes maîtres, dont Badiou a suivi l'enseignement, Louis Althusser, a proposé, il y a des années, un matérialisme qui inclut certains effets du hasard. Il l'avait appelé un « matérialisme aléatoire ». Notons au passage que déjà les matérialistes de la Grèce ancienne, les atomistes comme Démocrite et Épicure, pensaient que le hasard (*tuchè*) intervenait dans la trajectoire et la connexion des atomes qui constituent la matière du monde. Je pense qu'il est aujourd'hui impossible de maintenir l'idée que dans la nature la relation unique et fondamentale est la relation entre la cause et l'effet. Or quand vous lisez Spinoza ou Descartes, il est évident que, pour eux, dans la nature, tout rapport prend la forme de cette relation. Sous la condition de la science moderne, et notamment de la mécanique quantique, il est impossible de maintenir ce point de vue. Nous devons comprendre que dans la nature elle-même, et pas seulement dans l'existence humaine, il y a une part d'indétermination.

*B/ Questions portant sur les catégories de la dialectique, leur opposition, notamment l'universel, le particulier et le singulier, ou le normal et l'anormal, ou rupture et violence, ou la décision et le jugement.*

Question 3, posée par l'Inconnu : La pensée dialectique semble être à la fois une condition et une limite de la pensée philosophique. C'est comme une spirale infinie prise dans ses deux dimensions. Où apparaît la troisième dimension et comment penser une philosophie en 3-D ou en dimensions multiples ? Est-ce possible ? Dans le schéma qui représente la philosophie comme un mouvement qui va de zéro (le vide) à oméga (l'infini), le moment de la coupure avant oméga est-il un moment classique ou un quantum ? La vérité et l'événement pourraient-ils se superposer ?

Cette question n'est pas facile mais je peux répondre sur quantité de points. La question des dimensions, image spatiale, est très intéressante, spécifiquement en ce qui concerne la philosophie, parce que nous pouvons définir la philosophie en termes d'un espace à une, deux, trois, ou quatre dimensions, toutes ces possibilités sont ouvertes.

Vous pouvez dire que la philosophie se situe dans un espace à une dimension si vous l'identifiez à une expérience mystique. En effet, dans le mysticisme nous n'avons qu'une seule dimension, car il y a fusion du point limite, oméga, avec n'importe quel nombre, fusion entre le fini et l'infini. Si la philosophie est orientée dans la direction de l'expérience mystique nous pourrons donc dire que son résultat fondamental est d'être à une seule dimension. Mais la définition la plus classique de la philosophie consiste à la considérer selon deux dimensions, c'est en quelque sorte sa définition dialectique. Dans ce cas la philosophie est positionnée entre être et existence, entre les points de vue analytique et dialectique, entre l'opinion et la vérité. Pour cette conception la philosophie est toujours dans un espace où entrent en jeu deux termes contradictoires. Ensuite nous pouvons également dire que la philosophie opère, comme nous l'avons vu, dans les trois dimensions du temps : dans le présent vous avez une nouvelle interprétation du passé en vue d'une nouvelle possibilité dans le futur. Enfin nous pouvons définir une philosophie à quatre dimensions. J'ai rappelé que, pour Badiou, il y avait quatre conditions de la philosophie, et nous pouvons considérer ces conditions comme les dimensions de la philosophie. Dans ce cas le devenir de la philosophie fait circuler les vérités entre science, arts, politique et amour, et toute mutation historique dans une des procédures peut bouleverser toutes les orientations philosophiques, ainsi de la révolution copernicienne en cosmologie, qui a lancé la métaphysique classique dans des directions neuves.

L'image de la spirale est, comme chacun sait, une image hégélienne ; Hegel explique ce rythme par trois termes : affirmation, négation et négation de la négation. Cela dit, on pourrait également soutenir que, après tout, on peut aussi trouver quatre moments chez Hegel, voire cinq, si on se rappelle que l'Absolu, résultat qui excède chacun des trois termes dialectiques de la spirale, est aussi « auprès de nous dès le début ».

La dernière question est celle de savoir si la vérité et un événement peuvent se superposer. Je dirais que c'est le cas dans l'expérience mystique et que c'est probablement la définition minimale qu'on peut en donner : dans ce type d'expérience il n'y a pas de différence entre expérience de l'événement et expérience de la vérité. On peut donc répondre oui, il est possible que l'événement et la vérité se superposent, et ce, non seulement dans l'expérience mystique au sens strict, mais plus généralement, comme je l'ai dit, dans l'enthousiasme de la révolte politique. Dans une révolte politique nous avons souvent quelque chose comme l'idée que l'événement est la vérité elle-même, mais à mon avis cela est faux, c'est un effet de sa dimension sublime. Certes dans l'effet, dans l'emportement d'un grand événement nous pouvons imaginer que la vérité est créée par l'événement lui-même, mais ce n'est pas vrai, l'événement est seulement l'ouverture d'une nouvelle possibilité, il n'est pas en lui-même la réalisation de cette possibilité. Badiou n'a cessé de le rappeler, y compris à propos des enthousiasmes gauchistes dont sa génération a été le témoin. Ainsi, une grande révolte, un grand événement sont seulement le début d'un processus, le processus de fidélité qui devient de plus en plus complexe et réclame un second point éthique. Le premier point éthique c'est l'effet du sublime, l'engagement, la transformation subjective immédiate, mais après vient la fidélité, l'impératif : « Continuez ! » Nous ne pouvons donc pas réduire la question de la vérité à l'unité d'un impératif sans aliéner la philosophie dans le mysticisme.

**Question 4, posée par Xi La Pong :** Hegel fait la différence entre la particularité et la singularité quand il s'agit de décrire un objet ou un sujet, ou l'objet ou le sujet en soi. Son caractère unique confère au singulier une qualité universelle. Est-ce que la relation que, si j'ai bien compris, vous établissez entre le particulier et l'universel ignore ce troisième terme, le singulier ? Si oui, pourquoi ?

Bien sûr, si nous avons à penser une chose qui, d'une part, est dans un contexte particulier et qui, d'autre part, est universelle, nous devrons dire comme Hegel que cette chose est singulière. Chez lui, la singularité est une sorte de synthèse du particulier et de l'universel. Et il faut soutenir qu'une vérité est incontestablement une singularité, non pas une généralité. Une vérité, ça va être par exemple une séquence d'œuvres artistiques, une théorie scientifique, un amour romantique… Une vérité existe en tant que singularité, et, puisque toute vérité est par elle-même unique, une vérité est invariablement singulière. C'est une conception qui s'oppose absolument à la vision selon laquelle la vérité serait un jugement tel que ce qui est dit est « adéquat » au réel.

Quand nous pensons une vérité comme la vérité d'un jugement, l'universalité est l'universalité de la proposition. Mais qu'est-ce que l'universalité d'une proposition ? Cela revient-il toujours à dire que pour tout $x$ cette propriété, mettons P, est vraie ? En somme on a « pour tout $x$, $P(x)$ ». Exemple d'Aristote : « Tous les hommes sont mortels. » On voit apparaître, dans cette représentation purement verbale de l'universalité, un opérateur, « pour tout $x$ », souvent noté $\forall x$, nommé justement « quantificateur universel », ce qui représente, dans la langue, une forme de généralité analytique. Nous retrouvons ici la contradiction entre le point de vue analytique et la vision dialectique, cette dernière soutenant qu'une vérité ne peut être réduite à la généralité d'une proposition ou d'un jugement. Une vérité est une création, une production, et elle est en tant que telle une *singularité universelle*. Bien sûr il y a diverses formes de singularité, ce peut être la singularité d'une action collective, d'une action révolutionnaire, ou d'un événement politique, ce peut être aussi la singularité d'une séquence d'œuvres d'art, ou la singularité affective d'un amour. Mais il y a toujours quelque chose d'unique dans une vérité, elle est singulière par son unicité réelle.

**Question 5, posée par Diane Thijud :** Est-ce que la singularité est alors la synthèse de l'universalité et de la particularité ?

D'un strict point de vue logique, et c'est le cas pour Hegel, nous pouvons en effet définir la singularité comme la synthèse de l'universalité et de la particularité. Mais cette synthèse est complexe, dans la mesure où la singularité comme telle implique toujours un processus de création, ce n'est pas simplement une synthèse mécanique, une conjonction abstraite. L'union de l'universalité et de la particularité est bien plus qu'une conjonction ponctuelle, plus qu'une simple synthèse. C'est la construction d'une forme universelle à partir d'un matériau particulier. Une singularité proprement universelle est quelque chose qui a été créé et formé à partir de la particularité, mais qui acquiert une valeur universelle et n'est donc pas une synthèse abstraite du particulier et de l'universel. En effet, l'universel n'existe pas avant la création de la singularité tirée de la particularité. Prenez une nouvelle invention dans le champ de la création artistique : tout au début elle est sans aucun doute purement particulière, elle prend place dans une situation concrète, picturale ou musicale, et quelque chose est créé dans un champ particulier, dans une situation historique donnée. Mais le résultat *peut* être singulier. Pour une création qui prend son origine dans la particularité, la valeur universelle n'est qu'une possibilité. Le plus souvent d'ailleurs, une création, qu'on peut alors ramener à une simple production, demeure à jamais dans la particularité. Impossible en tout cas de dire qu'elle devient *obligatoirement* universelle. Une création c'est d'abord, et par nécessité, quelque chose qui est fait à partir de moyens particuliers, dans un monde particulier, ensuite il n'est pas impossible que sa destinée soit de devenir universelle, mais c'est une destinée qui aura à être vérifiée, vérifiée notamment par sa résurrection dans des contextes particuliers entièrement différents.

**Question 6, posée par l'Inconnue :** Pouvez-vous développer votre usage du normal et de l'anormal dans la relation de la loi et du sujet et en relation avec la loi et le sujet ? Est-ce que la relation entre normalité et anormalité est une rupture ? La rupture défait-elle ou peut-elle défaire le conformisme du binaire ? Pouvons-nous complémenter ces deux concepts séparément ou simultanément en relation avec la constitution de la subjectivité individuelle et en prenant en considération l'existence politique ?

D'abord, remarquons que le normal est strictement en relation avec la loi. Il n'y a aucune possibilité de définir *ontologiquement* quelque chose comme normal. C'est toujours une prescription, jamais un état de choses. C'est très important parce que si vous pensez que le normal est un prédicat ontologique, vous vous engagez dans quelque chose assurément de très réactionnaire. Pourquoi cela ? Eh bien, parce que nous aurions alors le droit, le droit ontologique, d'opprimer voire de supprimer tout ce qui est anormal. C'est pourquoi nous devons accepter que le « normal » soit une catégorie de la loi et non du réel, donc une catégorie prescriptive et non pas ontologique. Une loi peut décréter que quelque chose n'est pas normal, ou que quelque chose est anormal, mais il n'y a aucune possibilité de transformer cette prescription en quelque chose d'objectif ou d'ontologique. Ainsi les prédicats « normal » et « anormal » dépendent-ils du monde tel qu'il est, des prescriptions de ce monde, ils ne désignent pas quelque chose d'objectif ou d'intemporel.

Généralement la loi prescrit comme normal quelque chose qui est adéquat à l'organisation du monde. La prescription est ainsi une prescription de la loi du monde tel qu'il est. Être « normal », c'est être inscrit, correctement, dans la loi du monde, il n'y en a pas d'autre définition. Dans l'évolution de la société, ou du monde, celui-ci n'est pas purement statique, il possède aussi une dynamique. Par exemple, le développement du capitalisme est un développement réel, et c'est le développement du monde en tant que tel. Dans le devenir des sociétés il arrive que la loi change, mais ces modifications ne sont pas des changements du monde, ce sont des modifications de la loi. Certaines petites choses peuvent être modifiées et se modifient continuellement, c'est certain, et ces modifications seront la conséquence d'un déplacement de la frontière légale entre normalité et anormalité. Quelque chose qui était anormal devient normal ou l'inverse. Mais ce n'est pas en soi-même un changement du monde. Quand quelque chose comme une vérité est créé, nombre des composantes du monde deviennent naturellement anormales. Pourquoi ? Simplement parce qu'une vérité est quelque chose d'absolument nouveau et que cette nouveauté ne peut pas être codée par les lois existantes, bien qu'elle existe, elle aussi, dans le monde que « règlent » ces lois. Très souvent, sinon toujours, il va y avoir quelque chose d'anormal dans une nouvelle universalité. Et cette universalité illégale, anormale, peut parfois contribuer à changer le monde lui-même, ce qui revient à rendre complètement obsolète la loi au nom de laquelle l'universalité neuve avait été déclarée anormale. Il faut bien comprendre, en particulier, que ni un événement ni ses conséquences ne sont en eux-mêmes normaux ou anormaux. Les déclarer tels relève simplement de jugements sans aucune base dans le réel des situations.

Je propose pour ma part – à partir d'une position proprement philosophique – de ne faire que très peu d'usage des catégories de normalité et d'anormalité, voire aucun usage du tout, à part dans le domaine biologique ou médical, où nous avons une définition stricte de la différence entre le normal et le pathologique (le pathologique, non pas l'anormal). Dans le livre d'un de mes maîtres, Georges Canguilhem, livre dont le titre est précisément *Le Normal et le Pathologique*, les définitions conjointes des mots « normal » et « pathologique » sont fondées, à l'intérieur d'une science rigoureuse, par les fonctions de l'organisme et finalement par le critère simple de survie : est pathologique ce qui nuit à l'existence d'un organisme vivant. Peut-être qu'en médecine, et encore, comme le note Canguilhem, avec de nombreuses précautions, nous pouvons parfois nous servir de l'opposition entre normal et anormal. Mais en général je ne vois pas comment il serait possible d'utiliser cette sorte d'opposition comme une norme pertinente. Nous pouvons promouvoir bien d'autres normes moins suspectes, comme la fidélité à un événement, la participation à une vérité, la volonté de travailler à un nouvel avenir ou à un engagement… Rien de tout cela n'est normal ou anormal.

Parvenu à ce point, j'ai envie de dire : personne n'est normal finalement, c'est le meilleur usage dialectique qu'on puisse faire de cet adjectif. Personne n'est normal et nous sommes tous définis par la somme de nos anormalités.

**Question 7, posée par Amantha :** Si le savoir peut être dialectique, alors quand et où peut-il être en rupture ?

La vision dialectique du savoir est une vision qui inclut l'existence de ruptures dans le développement même du savoir. Seule la vision analytique revendique la continuité du développement du savoir. La vision dialectique, en revanche, affirme l'existence inévitable des ruptures. On voit bien, par exemple dans l'histoire des sciences, que sur tel ou tel point se sont produites des ruptures évidentes, qu'un autre de mes maîtres, Gaston Bachelard, appelait des « coupures épistémologiques ». Cela n'est pas seulement une caractéristique du processus politique ou de la procédure artistique. Prenez la conception du temps : le passage de la physique newtonienne à la physique einsteinienne se présente comme une véritable révolution. Ce n'est pas une révolution infligée au savoir, mais une révolution qui se situe à l'intérieur du développement du savoir lui-même, une révolution dans la physique. La vision dialectique reconnaît qu'il existe des ruptures dans le développement du savoir et qu'ainsi le savoir n'est pas pure accumulation, pure continuité. Il y a vraiment des discontinuités objectives, et même des négations immanentes : dans un sens, la physique d'Einstein est la négation de la physique newtonienne. En revanche, dans un autre sens, il s'agit d'un développement et d'une continuation de la physique elle-même. À un certain niveau la physique newtonienne est vraie, et à un autre niveau, plus cosmique si vous voulez, seule la relativité est vraie. Mais cela reste dialectique au sens où dans le passage de Newton à Einstein on trouve une synthèse de négation et de construction. Il y a incontestablement une négativité interne au développement scientifique. C'est bien pourquoi nous ne pouvons pas demeurer dans la vision purement analytique de la science.

**Question 8, posée par John After :** Le mouvement dialectique du savoir a aussi un côté pratique. En quoi le rapport que la physique entretient avec le savoir est-il différent de celui qu'elle entretient avec d'autres savoirs dialectiques, au sens où, en physique, on peut observer, mais pas interrompre l'objet de l'observation, c'est-à-dire qu'on ne peut que tester une hypothèse. Il me semble donc qu'il y a une différence entre le savoir dialectique en physique et le savoir dialectique dans le champ social.

Je pense que la différence vient de ce que les deux déterminations ne sont pas exactement comparables, car les contradictions sociales ont une dimension subjective. Ainsi nous avons à prendre en compte la négativité de la conscience d'une part, et la négativité des enchaînements pratiques d'autre part, et ces formes de négativité sont visiblement différentes. Il n'est pas impossible que dans les contradictions sociales s'introduise un élément destructeur, une sorte de conflit entre ennemis : il y a la lutte des classes, les guerres, et donc une place pour la violence et la destruction. Dans le développement de la science on rencontre certes des négations, des révolutions, des transformations brutales, mais ce n'est à proprement parler ni de la violence, ni de la destruction, parce que ce n'est pas directement en relation avec la subjectivité. La subjectivité inclut le rapport aux autres, souvent même considérés comme des ennemis, et cela produit une forme de contradiction qu'on peut appeler antagonique. Finalement la différence entre la dialectique dans la question sociale et la dialectique dans les sciences de la nature vient du fait que dans le domaine social les contradictions peuvent être antagoniques, donc interdire toute synthèse, ce qui n'a pas de sens dans la nature.

**Question 9, posée par Delphine Isamuta :**
Vous parlez de ruptures que vous qualifiez de violentes.
Existe-t-il des ruptures qui ne sont pas violentes ?
Quelle est la définition de la violence ? Et quelle est
la différence entre rupture et interruption ?

Nous sommes, dans un certain sens, dans le même champ que celui de la dernière question. Quand j'ai parlé de ruptures violentes c'était une métaphore, ce n'était pas au sens précis d'une violence concernant les corps, concernant la vie et la mort. Quand je dis qu'une rupture est violente c'est uniquement pour indiquer qu'il s'agit réellement d'une transformation surprenante, de quelque chose qui ne se situe pas dans une continuation paisible. En ce sens le passage de la physique newtonienne à la physique einsteinienne est violent : il a rencontré des résistances, des oppositions, des conflits, il ne s'est pas opéré pacifiquement dans le cadre d'un consensus global. Dans ce cas précis la rupture a une signification métaphorique. De même, si nous prenons « violent » au sens d'une contradiction antagonique, avec la possibilité de destruction, de guerre, de mort, alors ma réponse sera qu'il existe là aussi des ruptures non violentes. Donc pour autant que « violence » n'est pas la simple métaphore d'un changement véritable, avec des oppositions et des résistances, mais suppose la volonté de détruire quelqu'un ou quelque chose, de le détruire complètement et d'être, de ce fait, victorieux, on ne pourra pas qualifier de violente la rupture entre les deux formes de physique.

Voilà pour la première partie de la question, qui portait sur les ruptures. Pour en venir maintenant à la définition de la violence, je dirais qu'il ne s'agit pas d'une notion simple, car elle comporte un sens fort et un sens plus faible. En son sens faible, la violence indique que quelque chose se produit qui ressemble à un choix, lequel vous surprend dans la mesure où il ne se situe pas dans la continuité paisible de la vie ou de l'existence ordinaire. Quelque chose de radical se produit, qui ne peut être rabattu sur l'état des affaires. Dans ce sens faible, métaphorique, nous pourrons dire d'une expérience qu'elle est violente, sans dire pour autant qu'elle comporte la mort, la guerre, la souffrance des corps. Il s'agit dans ce cas d'une sorte d'expérience de la nouveauté. On dira dans le même sens d'une rencontre amoureuse qu'elle est violente, ou qu'est violent l'effet produit par une œuvre d'art impressionnante, par un film ou un livre sortant de l'ordinaire. On peut ainsi qualifier de violent ce qui se présente comme un grand bouleversement de l'existence. En revanche, dans son sens fort, la violence est forcément en relation avec une contradiction antagonique, donc avec une situation de laquelle il est impossible de sortir sans que soit détruit l'un des deux termes de la contradiction. Pensez à un champ de bataille, où la question de la défaite et de la victoire se pose de manière radicale, et où il est impératif de détruire les forces de l'ennemi. Dans de telles circonstances, la véritable violence est quelque chose comme une loi de mort, c'est vraiment, comme on dit, « une question de vie ou de mort ». C'est pourquoi nous parlons généralement de violence quand surgit la question de la mort ou de la souffrance. La violence, dans son sens fort, intervient très souvent dans notre monde quand est en jeu la question du corps des êtres humains, quand il est question de torture, de mort, de la souffrance physique ou d'une intolérable souffrance morale. Ainsi, une rupture amoureuse est souvent traumatisante, elle peut en ce sens être très violente : les meurtres par amour, ça existe, et les suicides par amour, tout autant.

Au sens faible, nous pourrions dire qu'il y a de la violence dans toute vérité. Une vérité nouvelle, ou même ressuscitée, a toujours un début violent. La violence de la nouveauté surprend : c'est quelque chose qui n'est pas interne à la situation mais qui a une valeur universelle, quelque chose qui d'une certaine manière est au-delà du monde tel qu'il est, au-delà de la situation. Dans ce sens c'est incontestablement une violence faite à cette situation, puisque, quand il s'agit réellement d'une vérité, le monde, s'il est hanté par une vérité neuve, ou une vérité ressuscitée, ne pourra pas demeurer inchangé. Mais la violence au sens fort surgit uniquement si des contradictions antagoniques s'élèvent entre deux individus, entre deux classes, entre deux nations.

Venons-en maintenant à la différence entre rupture et interruption. Dans le cas de la violence, quelles sont les règles la concernant ? Autrement dit, y a-t-il une règle morale par rapport à la violence dans le contexte de la vérité ? Et, bien entendu, qu'en est-il de la non-violence ? Ce sont des problèmes très importants. Par exemple, peut-il exister aujourd'hui une possibilité de politique révolutionnaire dans un contexte de non-violence ? La question est difficile parce qu'il s'agit de savoir que faire dans une situation où vous êtes vous-même plutôt, par principe, non violent, mais où l'ennemi, lui, est officiellement violent. Je ne développerai pas ce point très complexe, mais en gros je pense que nous ne pouvons pas complètement éliminer la possibilité d'une violence défensive. La violence agressive est généralement une mauvaise chose, mais la volonté contemporaine de supprimer même la violence défensive me pose un véritable problème. Car vous pouvez vous trouver dans une situation où l'essence même de l'ennemi est d'être violent. L'exemple le plus frappant est celui du fascisme. Le fascisme assume sans réserve que la violence est juste, et sa politique se caractérise en général par une volonté de détruire tous ses ennemis. Imaginez que vous construisiez quelque chose de populaire, de pacifique, et que vous vous heurtiez au fascisme et à sa volonté de tout détruire, de massacrer tout le monde, eh bien, concrètement, dans ce cas précis la non-violence est très difficile à observer. Le rapport entre violence et non-violence est un complexe dialectique concret, qui doit faire l'objet d'un examen cas par cas. Vous connaissez les expériences de non-violence en Inde, du temps de Gandhi, n'oublions pas qu'elles ont débouché sur une extraordinaire violence entre musulmans et hindouistes.

**Question 10, posée par Rémi Glauque :** Pour continuer sur la question de la rupture. Il me semble que l'idée d'une rupture comme celle de Mai 68 n'est plus possible parce que dans notre société capitaliste avancée toutes les chances de rupture sont automatiquement absorbées ou médiées, et donc disparaissent. Je pense aussi au 11 Septembre aux États-Unis, aux émeutes des banlieues en 2005, aux manifestations anti-guerres. Tout cela a été absorbé, digéré, et les chances de rupture ne se sont jamais présentées. Une situation comme celle de Mai 68, avec toutes les réflexions qui y ont conduit, les actions, les rassemblements populaires, c'est une chance qui ne risque pas de se présenter maintenant dans notre société.

Je comprends bien votre question. Mais j'étais, moi, en France, en 1967, et même pendant l'hiver 1967-1968, et je peux vous dire que la situation était alors absolument calme, le système politique était très généralement jugé efficient, il n'y avait pas la moindre révolte, de Gaulle était quasiment célébré par tout le monde. L'interruption, la rupture de Mai 68 était impensable. Il faut donc changer votre vision des choses à partir de la considération suivante : ce qui caractérise un événement, un événement véritable, c'est justement le surgissement réel de ce qui était tenu pour impossible. Si quelque chose est la réalisation d'une possibilité visiblement interne à la situation, alors ce n'est pas un événement, c'est seulement une possibilité, rationnelle, de ladite situation.

Certains politiciens affirment qu'à l'intérieur même de la situation existent des possibilités rationnelles susceptibles de représenter un véritable changement. Or un événement, c'est précisément le fait qu'est rendue possible une chose qui était auparavant impossible. On pourrait définir un événement comme la possibilisation d'une impossibilité. Ainsi, en 1966-1967 la France était un pays tranquille. Il y avait certes une activité intellectuelle assez dense, mais du côté de la large masse des étudiants, des ouvriers, la situation était stable. Personne ne parlait de révolution, sauf dans l'abstrait. Votre question nous ramène à la définition du réel par Lacan, pour qui le réel, c'est l'impossible ; le réel de l'événement, c'est son impossibilité du point de vue de la situation, du point de vue de l'être et de l'existence. Et c'est donc la rupture qu'il faut interroger : une rupture c'est toujours quand se produit quelque chose dont tout le monde pensait que c'était impossible. Quelle est alors la différence entre rupture et interruption ? Une interruption c'est seulement ce qui marque la fin d'une partie de la situation, et si le processus s'arrête là ce n'est pas une rupture. Prenez l'exemple de la mort de quelqu'un, c'est une interruption de sa vie mais ce n'est pas forcément une rupture, nous le savons tous. S'il y a rupture, il y a nécessairement interruption, une interruption de la répétition, mais l'inverse n'est pas vrai, bien des interruptions ne sont pas des ruptures. La question de la rupture est toujours la question de quelque chose de nouveau, pas seulement la question de la fin de quelque chose. Je reprends notre image arithmétique :

$$0, 1, 2, 3, 4, \ldots n, n + 1, \ldots| \, \omega$$

Il y a, entre deux nombres, une répétition, qui crée quelques différences, et puis intervient la rupture, qui fait surgir cet impossible : le premier nombre infini. Vous ne pouvez pas la définir simplement par le fait que la répétition a été interrompue, car pour qu'il y ait rupture il faut obligatoirement qu'il y ait quelque chose de nouveau, qui est de l'autre côté de la barre. Ainsi une rupture, ou un événement, ce n'est pas seulement une négation, car la négation c'est l'interruption de la répétition. Mais une rupture, c'est aussi et avant tout une affirmation : quelque chose de nouveau s'est produit ! C'est pourquoi il y a une décision subjective nécessaire, la décision de dire : il y a ici quelque chose de nouveau, et je désire y participer, je désire tirer les conséquences de cette nouveauté. Par exemple, bien des gens disent que Mai 68 n'était pas le commencement de quelque chose de nouveau mais seulement la fin de quelque chose, la dernière révolution, la dernière révolte. On en discutait déjà au moment même. Or si Mai 68 a été une rupture, alors il doit avoir été l'ouverture d'une possibilité nouvelle et pas seulement l'interruption d'une vieille possibilité. Il ne doit pas être un « très grand nombre », un n énorme. Il doit être $\omega$, le premier nombre infini.

**Question 11, posée par l'Inconnue :** Quelle différence y a-t-il entre une décision et un jugement ?

Dans une décision il peut ne pas y avoir de jugement car une décision c'est le moment où vous décidez personnellement de vous engager dans un processus, ce qui ne se réduit pas à un jugement. Bien sûr, si vous êtes engagé ou si vous vous engagez dans une procédure de vérité quelconque, c'est une manière de dire que vous considérez cette procédure comme bonne et que vous avez raison de vous y engager, mais tout ça, ce ne sont finalement que des justifications. La décision elle-même est un acte et pas un jugement. Un jugement peut justifier un acte et faire partie des raisons qui vous ont amené à vous engager, mais décider quelque chose c'est ultimement faire quelque chose et non pas se borner à dire que quelque chose est bon.

En général, dans une situation politique ou existentielle, nous faisons nettement la distinction entre un jugement positif concernant une procédure et une participation effective à ladite procédure. C'est pourquoi il est toujours possible de porter un jugement sur un mouvement, sans pour autant y participer. Sur ce point je suis, tout comme Badiou, je crois, l'est aussi, en désaccord avec Hannah Arendt, pour qui la politique est le lieu du jugement. Or, par expérience, nous savons parfaitement que la question du jugement politique et la question de l'action politique sont deux choses très différentes. Pour commencer, aucune détermination pure ne fait passer du jugement à l'action, alors que la partie centrale de l'activité politique c'est l'action, l'action collective. On le voit très bien dans la politique concrète : nous pouvons porter un jugement sur ce que fait ou décide le gouvernement, sans que cela change quoi que ce soit dans la situation, précisément parce qu'un changement dans la situation suppose des décisions et des pratiques neuves, et ne se ramène pas à une question d'opinion. Le champ politique n'est pas réductible à la question des opinions, mais pose la question de l'existence d'un processus réel, de la construction d'une nouvelle vérité politique.

### *C/ Questions concernant l'événement, la fidélité, le sujet.*

**Question 12, posée par Diane Thijud :** Quelle est l'ontologie de l'événement, l'ontologie de la coupure ? Est-ce une décision ? Est-ce qu'un événement vous impose quelque chose ? Si c'est une décision, ne serait-ce pas que le pré-sujet désirait déjà l'événement ?

Je pense qu'il faut assumer le fait qu'un événement n'est le résultat ni d'un désir ni d'une décision, mais quelque chose qui s'impose à vous. En tant que tel un événement est de nature objective, ce n'est pas un objet, c'est quelque chose qui participe, quoique étant exceptionnel, du réel de la situation. Un événement se compose finalement d'éléments de la situation. Ce n'est pas un miracle qui viendrait de l'extérieur, c'est une exception immanente. Un événement est composé d'éléments de la situation mais il n'obéit pas aux lois de la situation, aux lois du monde concerné, car si tel était le cas ce ne serait plus un événement mais une extension, et il n'y aurait pas besoin d'une décision pour en animer les conséquences. Par conséquent, dans un certain sens, il est bien vrai qu'à nos yeux quelque chose de l'événement vient de l'extérieur. Un événement est bien une imposition, mais c'est l'imposition d'une possibilité nouvelle, ce n'est pas comme si quelque chose vous forçait à faire autre chose. L'événement est comme une proposition faite à des sujets. Et nous pouvons refuser cette proposition, nous pouvons dire non. C'est exactement comme quand vous rencontrez quelqu'un et que cette rencontre représente quelque chose de très important, de neuf, mais que finalement vous décidez de ne pas changer votre vie, d'en rester au passé. Un événement peut être une tentation, c'est en fait la tentation de s'engager à se transformer, à faire quelque chose de nouveau. Mais c'est en même temps la tentation de refuser. Généralement on soutient que l'éthique consiste à refuser la tentation mais, pour moi, quand il s'agit de l'événement, l'éthique consiste à accepter la tentation. Mais il y a un risque, toujours. Et peut-être y a-t-il d'excellentes raisons de refuser la proposition événementielle, des raisons du genre : ce n'est pas pratique, ce n'est pas utile, ce n'est pas possible, les choses sont bien comme elles sont… Et ces excellentes raisons proviennent de l'intérieur du monde tel qu'il est, de l'intérieur du savoir objectif de la situation. C'est toujours le même problème : vous pouvez trouver quantité de bonnes raisons dans la situation pour déclarer que l'événement est risqué, que nous n'en connaissons pas vraiment les conséquences, que c'est difficile, qu'on ne peut pas changer, que la situation ne saurait être différente et que, même s'il faudrait sans doute que la situation change, rien ne sert de se précipiter...

Il y a donc bien une forme d'imposition de l'événement, mais une imposition n'est pas une détermination, c'est la proposition d'une nouvelle possibilité. Ça n'a rien d'une oppression, c'est au contraire, peut-être, la possibilité d'une libération. La seule nécessité, dans cette affaire, c'est la nécessité de choisir : il vous est imposé de faire un choix. Si un événement se produit nous sommes contraints d'accepter ou de refuser de travailler aux conséquences de la nouvelle possibilité qu'il détient.

**Question 13, posée derechef par Diane Thijud :**
Mais justement, si la vérification d'un événement se construit à partir d'une séquence de choix libres pour en organiser les conséquences, comment distinguer cela de la biographie personnelle ?

Il y a sur ce point une loi générale. Prenez quelque chose comme un événement politique, une révolte d'ouvriers ou d'étudiants dans un pays particulier et à un moment donné, comme Mai 68 par exemple : c'est forcément local. La position individuelle concernant cet événement se donne dans la forme d'une déclaration d'immanence : vous engagez votre existence personnelle dans la lutte, dans la révolte, dans le mouvement, et c'est une décision. Le fait qu'il s'agit d'une décision est manifeste puisque force est de constater que certains prennent cette décision et d'autres pas. Mais la vérification de la décision ne s'opérera qu'à travers les conséquences successives qu'elle va entraîner. Et vous avez toujours un mélange, une conjonction de deux choses. D'une part quelque chose de purement collectif, une sorte d'événement collectif – l'existence d'une révolte et ses objectifs –, qui est politique dans la mesure même où il est collectif, et d'autre part quelque chose de purement individuel, à savoir la décision, ce que j'appellerais les choix atomiques, de certains individus. Or, en dernier ressort, le collectif est composé de choix individuels, sans qu'il soit possible de trancher complètement entre les deux. En effet, ce n'est pas toujours le fait qu'un événement est collectif qui détermine des individus à être internes à cet événement. C'est pourquoi les conséquences d'un événement, dans une situation donnée, ne peuvent pas se présenter comme une pure nécessité collective. Certes il y a bien quelque chose de ce genre, mais tout compte fait, c'est également composé de ce que vous appelez des décisions biographiques. Comment se fait-il que certains individus s'engagent totalement dans une situation tandis que d'autres ne le font pas ? On va naturellement trouver des déterminations extérieures : c'est un étudiant, il est dans telle ou telle université où la révolte est particulièrement active, c'est un ouvrier, dont les parents étaient de gauche, etc., etc. Mais il subsiste toujours un point où nous ne pouvons plus attribuer cet engagement à ces seules déterminations. Car, empiriquement, nous trouverons toujours quelqu'un qui a les mêmes déterminations mais qui n'est pas dans la révolte. Les déterminations jouent incontestablement un grand rôle, mais il y a toujours un point, même minime, qui ne s'y laisse pas réduire. Et c'est cette partie, cette minuscule partie, qu'on pourrait finalement appeler la liberté. Dans les décisions atomiques entraînées par un événement il y a toujours quelque chose qui relève de la liberté.

Ainsi, un événement collectif pourra toujours être examiné à partir de deux perspectives, de deux points de vue totalement différents. D'une part vous avez les déterminations massives, ce qui est parfaitement normal car la situation comporte des lieux importants, des conjonctions importantes, comme la conjonction entre travailleurs et étudiants, ainsi que des contradictions tout aussi importantes, et d'autre part il faut également décrire tout ça du point de vue des décisions atomiques prises dans ce cadre par chacun. C'est toujours le croisement des deux qui va constituer la possibilité d'une nouvelle vérité. Dans *Logiques des mondes* Badiou appelle cela l'« incorporation », le processus d'incorporation des individus dans le corps d'une vérité. Or l'incorporation n'est qu'une possibilité (pour la procédure de vérité c'est une nécessité) ouverte naturellement à tout un chacun. Après un événement, après une interruption, tout ce qu'il y a c'est une nouvelle possibilité. Bien sûr, sans révolte pas de possibilité de s'y inscrire, mais à l'inverse, ce n'est pas parce qu'il y a un événement collectif, une révolte quelque part, qu'on est complètement déterminé à en faire partie. C'est peut-être comme dans la mécanique quantique : il y a un résultat collectif qui, au niveau macroscopique, se présente comme déterminé, mais si vous vous focalisez sur ce qui est à l'intérieur, sur les décisions atomiques, vous trouvez quelque chose qui relève largement de l'indéterminé.

**Question 14, posée par l'Inconnu :** Quelles sont les implications éthiques concrètes possibles de votre concept d'exception immanente ?

Pour moi la dimension subjective fondamentale d'une exception immanente est la possibilité de participer à sa construction parce que cette sorte d'exception est toujours une possibilité subjective. Un événement n'est pas par lui-même la naissance d'une vérité, la vérité doit être construite au cours d'un long processus. L'événement est quelque chose comme l'ouverture d'une possibilité nouvelle, qui, non visible dans la situation, devient visible grâce à lui. C'est tout à fait clair dans le cas d'un événement politique : celui-ci ouvre la possibilité d'une nouvelle séquence historique parce qu'il ouvre la possibilité de quelque chose qui jusque-là était tenu pour impossible, en raison des lois de la situation. Par exemple, dans la France d'avant 1789, personne n'imaginait un pouvoir possible en l'absence d'un roi ou de quelque chose d'analogue ; cette possibilité en fait n'existe pas avant 1789 et même au début de la séquence révolutionnaire, avant 1792. Au début de la Révolution Robespierre lui-même est non pas républicain mais monarchiste constitutionnel, à l'anglaise. La possibilité proprement républicaine est liée aux premières conséquences des soulèvements populaires, à Paris, puis en province.

La définition minimale qu'on puisse donner d'un événement est qu'il *produit* une possibilité. Après un événement, ou à cause d'un événement, il nous est donné de réaliser une nouvelle possibilité. Et c'est pourquoi, à l'intérieur de la réalisation d'un nouveau possible, son être est toujours subjectif. C'est là le début de la question éthique, qui pose la question de la participation, de la décision de participer à la réalisation d'une nouvelle possibilité, et surtout de continuer, de continuer... La participation, ce n'est pas qu'un grand moment – de l'événement, de la passion –, la vraie et difficile question, c'est la question de la continuation ! Il y a ainsi deux engagements éthiques, d'abord s'engager dans l'événement, ensuite vient la fidélité, qui est quelque chose d'autre. Tout le monde connaît la passion de quantité de gens pour l'événement en Mai 68 ou au début de la Révolution française, mais la continuation est bien autre chose, et c'est quelque chose de bien plus difficile. La définition de ce qu'est la fidélité à un événement, c'est le pas à pas, et ce pas à pas devient de plus en plus complexe au fur et à mesure qu'on tire, de l'événement, de nouvelles conséquences. Au début c'est tout simple, c'est enthousiasmant, mais avec le temps les difficultés surgissent. Ce qui fait que nous avons deux questions éthiques, celle de l'engagement et celle de la continuation, qui forment les deux faces de l'exception immanente : qu'il y ait exception se voit dans le choc événementiel, qu'elle soit durablement immanente ne se voit que dans la durée, dans une laborieuse fidélité.

Question 15, posée par Xi La Pong : Qu'arrive-t-il au sous-ensemble générique qu'est l'événement localisé quand le temps passe ? Est-ce qu'il dégénère ? Est-ce qu'il reste toujours vrai ? Est-ce que rétrospectivement sa vérité peut lui être déniée ?

C'est une vraie question. En effet, si l'être d'une vérité est quelque chose comme le sous-ensemble d'un monde, d'une situation, comment peut-il exister quand le monde ou la situation a changé ? La réponse c'est que *le sous-ensemble est générique* et que précisément, en tant que tel, il peut être inclus dans un autre monde. Un tel sous-ensemble ne résulte pas réellement de la composition explicite de la situation puisqu'il n'y en a ni nom, ni savoir, ce qui fait qu'il est pratiquement universel. Il est dans la situation, mais sans aucune détermination explicite liée à la situation. Il en est la partie la plus anonyme ou, si vous préférez, la plus universelle. Ainsi, la possibilité de le retrouver dans une autre situation complètement différente est tout à fait réelle. En fait, quand un événement se produit, ou qu'il y a un nouveau processus de vérité qui rencontre un sous-ensemble générique du passé, c'est précisément ce sous-ensemble lui-même qui renaît à la vie ; c'est, nous l'avons dit, une véritable résurrection. Ontologiquement parlant, cela veut dire que le sous-ensemble générique peut être le sous-ensemble d'un autre ensemble que l'ensemble primitif. C'est pourquoi il est juste de dire que des ensembles très déterminés – comme l'est une situation concrète ou certaines de ses parties – des ensembles très précis, qui ont des noms et dont il y a un savoir qui est complètement lié à une culture particulière, ne pourront généralement pas être inclus dans un autre monde, dans un autre ensemble, dans une autre culture. La situation se présente tout différemment dans le cas d'un sous-ensemble générique, car celui-ci peut être le sous-ensemble de plusieurs ensembles différents. Ou, de façon plus imagée : il peut renaître dans d'autres mondes, ou supporter des métamorphoses du monde auquel il appartient originellement.

Question 16, posée par Amantha : La situation et l'événement sont plus clairement délimités dans *Théorie du sujet*, où Badiou utilise la double articulation de la place et de la force, de l'esplace et du horlieu. La force semble être un concept plus dynamique et plus actif si on le compare à l'apparaître dans *Logiques des mondes*, où Badiou avance que les actions et les passions du corps sont dans l'incapacité de causer des événements. La force n'est-elle pas ce qui interrompt la répétition ? La rupture n'est-elle pas l'extérieur intériorisé d'une décision qui va se re-projeter vers l'extérieur ? Enfin, pouvons-nous forcer l'innommable ?

*Théorie du sujet* est un livre de 1982, qui a donc été écrit avant l'idée d'inclure l'événement dans le processus de vérité. Badiou était alors dans une position plus structuraliste. En fait, *Théorie du sujet* est un livre qui se situe entre le structuralisme des années 1950-1960, et le bilan de l'événement Mai 68. On pourrait dire que dans ce livre on a affaire à une dimension du réel qui est distribuée entre la place, qui est du côté de l'État, du pouvoir, et l'excès du lieu qui est du côté de la résistance, de la lutte, de la contradiction, et que cette dialectique suffit pour expliquer la naissance de certaines vérités ou de certains processus politiques nouveaux. Aujourd'hui il est devenu difficile de penser que les forces réelles d'une situation peuvent par elles-mêmes construire un événement. On a nécessairement besoin qu'autre chose vienne permettre le jeu du hasard de la situation, celui du moment d'une combinaison exceptionnelle ou d'une contradiction antagonique.

Je vous propose en fait une nouvelle notion de la force, parce qu'un événement est composé d'éléments du monde et que ce n'est pas une rupture externe. Loin de se situer à l'extérieur, la rupture se compose de choses, d'objets internes au monde. Et ce sont précisément les modifications dans la manière de l'apparaître de ces éléments – des changements d'intensité d'existence – qui déterminent l'événement. Ces changements ne résultent pas d'une pure réflexion rationnelle, il y a quelque chose qui dépend des circonstances et du hasard. Ils entraînent naturellement des changements dans la détermination de la force : quelque chose qui était proche de l'inexistence dans le monde se forge une existence forte, c'est ça le point de l'événement. C'est pourquoi nous ne dirons pas que des forces créent un événement mais plutôt qu'un événement change les forces. Après cela, la question de la force devient la détermination réelle, tandis qu'avant nous avions le problème suivant : d'où viennent les éléments d'une force nouvelle ? Et dans le champ politique nous connaissons maintenant parfaitement le rapport dialectique entre événement et, justement, le développement de forces nouvelles. Sans événement, vous avez un lent développement des forces à construire, mais l'événement provoque un brutal changement de la totalité de l'existence d'éléments internes à la situation, en même temps que la transformation d'un inexistant en quelque chose qui existe maximalement. Ce qui fait qu'ensuite la distribution entre places et forces n'est plus la même, changement que rien, dans *Théorie du sujet*, ouvrage encore structuraliste, ne permet de comprendre.

**Question 17, posée par Delphine Isamuta :** Si la vérité est le résultat de choix successifs qui produisent quelque chose d'autre que du savoir, comment cela est-il en rapport avec l'analyse du discours par Lacan ou comment est-ce que cela s'en écarte ?

Cette question est excellente car il y a naturellement quelque chose d'analogue dans la description du processus de vérité et dans la position du discours analytique, en fait, plus précisément, dans la description de la cure. Lacan explique que le processus analytique est un processus dans lequel des déterminations, des choix successifs, créent une situation dans laquelle quelque chose comme une vérité du sujet peut apparaître, une vérité au sens de quelque chose qui touche le réel du sujet. Et si le processus analytique est efficace on progresse, par des moyens symboliques aussi bien qu'imaginaires, dans la direction d'un point réel du sujet. Jusqu'ici Lacan et Badiou se ressemblent, c'est vrai. Mais le discours analytique porte sur le réel du sujet individuel, si bien que c'est beaucoup plus proche de la révélation dans le sujet de quelque chose comme une vérité préexistante de lui-même, que de la création d'une nouvelle vérité. En outre, il y a toujours quelque chose du passé qui, dans la cure, détermine l'apparition de cette vérité. N'oubliez pas que la psychanalyse est d'abord une théorie de l'origine de la subjectivité. Ainsi, quand nous avons à nous confronter dans la cure avec notre réel, c'est toujours, en un certain sens, que nous avons à nous confronter avec un réel qui appartient à notre passé le plus profond. Il y a une identité formelle entre les deux processus, mais je crois que tout compte fait – ce n'est pas absolument contradictoire – la différence provient du fait que la position de la vérité n'est pas la même. Le processus analytique porte la révélation d'un déjà-là subjectif – c'est après tout ce que désigne le concept d'inconscient –, tandis que la vision badiousienne du sujet est bien plutôt le surgissement d'une nouvelle conscience.

*D/ Questions concernant le type de subjectivité qu'alimentent les développements philosophiques proposés dans les Leçons du moulin.*

**Question 18, posée par John After :** Vous avez parlé des grandes exceptions dans nos vies et d'expériences irréductibles. En quoi est-ce différent du XIX^e^ siècle et de sa vision du sublime ?

La notion de sublime a été introduite par Kant et d'autres au début du XIX^e^ siècle pour décrire un affect particulier. Le sublime est une forme, subjective, de l'effet sur la conscience de la présence de certaines dimensions du monde, de certains aspects ou faits singuliers. Dans ce sens il y a sans nul doute un rapport entre le sublime et l'événement, en tant qu'une forme d'exception, parce que l'affect du sublime est en relation avec des transformations, des faits naturels extraordinaires – désastres ou catastrophes – et aussi des faits historiques. Il y a pour Kant quelque chose de sublime dans la Révolution française. Elle a pour lui des aspects horribles mais elle est également sublime. Car une chose horrible peut aussi être sublime. Je serais donc d'accord avec vous pour dire que le sublime participe réellement, pendant le XIX<sup>e</sup> siècle et après, d'une lente construction du concept d'événement. Ce concept est partagé par bien des philosophes, y compris contemporains – Deleuze par exemple –, qui ont parlé d'événement et en ont proposé un concept. Il est certain que la description par Kant ou d'autres du sublime va dans le sens de la conception de ce que c'est qu'une rupture et des implications d'une subjectivité face à une rupture, à une révolution, à un désastre ou à un phénomène naturel.

**Question 19, posée par B'adj Ali :** Qui est le « nous » qui doit proposer les conditions d'un véritable avenir ?

Je pense que la proposition des conditions d'un véritable avenir a deux dimensions. D'abord, comme je l'ai dit, cette proposition est celle de la création d'une nouvelle possibilité, celle d'un engagement dans la construction d'une nouvelle vérité. Dans ce genre de situation il n'y a pas de « nous », il n'y a que l'événement, et chacun doit faire son choix, accepter ou refuser cette chance, cette proposition. C'est le premier aspect de la question. Le second porte sur l'orientation d'un peuple dans la direction d'un avenir, en partant du point de vue ou de la conviction que, pour bien des raisons empiriques, le monde tel qu'il est n'est pas bon. Dans ce cas le « nous » n'est pas encore constitué, c'est quelque chose qui est toujours spontané. Ce « nous » est finalement le « nous » de quiconque pense qu'existe le désir de quelque chose d'autre que le monde tel qu'il est. Ensuite c'est une question de circonstances, et non une question générale. Enfin c'est une question d'organisation : il s'agit d'organiser tout ce qui est devenu possible en direction d'un véritable avenir.

Cette question porte à mon avis sur la question de l'avant-garde : y a-t-il une avant-garde capable d'organiser cette vision des conditions d'un avenir véritable ? Si oui, alors le « nous » est celui d'une avant-garde : « Nous surréalistes nous allons décider du futur de la poésie, nous communistes allons décider de l'avenir de la société, nous hommes de sciences allons décider de l'avenir des mathématiques… » Dans tous ces cas est présente l'idée d'un « nous » qui représente une certaine forme d'organisation.

Sur ce point nous disposons de quantités d'expériences, nous connaissons les résultats des tentatives pour organiser une avant-garde comme ce qui, en un certain sens, décide de la direction de l'avenir. Or, de manière générale, ces résultats n'ont pas été très bons. Du coup la question du « nous », dont nous avons besoin, est une bonne question. Nous pouvons même demander : doit-il prendre la forme de l'avant-garde du siècle dernier ? Et, si ce n'est pas le cas, quelle forme ce « nous » doit-il prendre ? Question fondamentale.

On pourrait à vrai dire définir le dernier siècle comme le siècle des avant-gardes. Pendant tout le XXe siècle l'avant-garde a été une idée puissante et on a assisté à des tentatives de création d'avant-gardes susceptibles de déterminer l'avenir, de provoquer un événement, de créer une rupture, et ce, pas uniquement dans le domaine politique. En politique l'idée d'une avant-garde se présente sous la forme du Parti, mais on la retrouve dans l'art comme dans la science. En France, par exemple, un groupe de mathématiciens, sous le nom de Bourbaki, a eu pour projet précis d'organiser le nouveau destin des mathématiques. L'idée de l'avant-garde, c'était l'idée générale du rapport entre présent et avenir, du passage de l'un à l'autre. L'avant-garde était quelque chose qui organisait l'avenir dans le présent. Tout ça a joué un grand rôle au siècle dernier, mais il faut reconnaître que les résultats, très réels sur le moment, sont plutôt troublants si l'on prend un peu plus de recul.

Je pense que, dans nos divers engagements, en politique, en art, en science, en amour, notre problème aujourd'hui est le suivant : acceptons-nous la forme classique de l'avant-garde comme opérateur du changement de l'avenir ? Pour moi c'est une question ouverte. Je pense que nous ne pouvons pas refuser globalement cette idée, car il y a toujours un moment qui exige une action collective et donc une organisation collective. Cependant des organisations qui se réclamaient de l'avant-garde ont produit à la longue des effets dangereux. Ceux-ci étaient, je pense, très souvent la conséquence de ces tentatives, précisément parce que le futur ne peut pas être prescrit. Le futur n'est pas un simple développement, une simple continuation du monde tel qu'il est, parce qu'il est impossible de prescrire, de prévoir totalement quelque chose qui est en partie composé de hasard, et de décider entièrement de l'organisation de quelque chose qui est un mélange de prédictions et d'incertitude. Après tout, si le futur doit être quelque chose de nouveau, comment une avant-garde pourrait-elle le déterminer par avance ? Il y a toujours le risque qu'au futur de tous soient substitués les intérêts du présent de l'avant-garde. C'est pour cela que j'estime que cette question sur qui est le « nous » est très importante et vient à son heure, mais qu'elle reste en même temps obscure. Nous savons tous que dans tous les champs de la création on retrouve cette crise du « nous », c'est-à-dire cette crise des subjectivités actives. Ce qui est en cause c'est, en dernier ressort, la forme de l'organisation. Quelle est au juste la forme d'organisation qui convient ? La forme qui garantit que l'organisation restera fidèle à sa détermination collective initiale ?

Vous savez que le XIX^e^ siècle a été le siècle des promesses, le siècle de l'idée de progrès, de la naissance d'un monde nouveau, et que le XX^e^ siècle a été celui de la réalisation, de la volonté active de réaliser effectivement cette promesse. Le XX^e^ siècle est celui qui a tenté de créer un nouveau monde, et, comme naturellement, de créer une nouvelle humanité. Pour cette raison cela a été le siècle des avant-gardes, en tant que forme d'organisation susceptible d'orienter l'avenir. On peut dire que la maxime « réaliste » du XX^e^ siècle a été : pas de construction sans destruction. La disposition d'esprit c'était qu'il fallait accepter la violence, la destruction, la guerre, parce que pour créer l'avenir il faut payer le prix, le prix étant éventuellement des millions de morts, hommes ou femmes. Mais que si l'on voulait créer un monde entièrement nouveau c'était à ce prix-là.

Des millions et des millions de gens pensaient ainsi. Pas seulement des individus, des chefs, des penseurs, bons ou mauvais, de grands esprits ou des fous. Non, c'était une idée populaire, partagée par presque tous. Bien sûr il y avait en même temps l'idée que tous les sacrifices étaient possibles, et même nécessaires. Ce n'était pas seulement qu'on était prêt à tuer les autres mais aussi, peut-être plus encore, qu'on était prêt à mourir, à s'exposer soi-même à la mort. On avait l'idée extraordinaire que créer un monde justifiait les plus grands sacrifices.

Maintenant nous n'en sommes plus là : comme, au long cours, ces créations de sociétés nouvelles ont échoué, la tentation qui aujourd'hui domine est qu'il faut rejeter tout ça : pas de violences, pas de destructions, pas de crimes, pas de luttes, pas de possibilités. Et même, ou surtout : pas d'événements. Plutôt une assurance tous risques, une garantie que rien d'événementiel n'arrivera. Seulement, il faut bien voir que ce rejet du passé n'est tout compte fait que l'apologie d'une résignation : on est prêt, on doit être prêt, à accepter paisiblement le monde tel qu'il est. Mais s'il est détestable, ce monde, faut-il se résigner à sa perpétuation ? Si nous rejetons absolument la violence, la destruction, le combat, si nous rejetons le XX^e^ siècle, autant déclarer qu'il n'y a pas d'avenir, qu'aucun avenir n'est possible, sinon, un jour, la mort du capitalisme avec celle de l'humanité, qui disparaîtra comme ont fait les demi-singes dont nous descendons.

Ainsi nous nous situons largement dans une sorte de demi-mesure impuissante, et c'est cela qui constitue aujourd'hui la crise du « nous » : nous sommes pris entre la dure expérience destructive dans le but de créer du nouveau, avec une avant-garde puissante organisée à cet effet, et une résignation qui fait que nous acceptons le monde tel qu'il est, parce que pour changer et détruire réellement ce monde, le prix à payer est inacceptable. Telle est notre subjectivité, la subjectivité de notre monde.

Nous avons le devoir de proposer une sortie de cette subjectivité misérable, le devoir de créer quelque chose d'autre et sans doute également de nouvelles figures du « nous », afin de dépasser le destin fatal qui s'attache à la crise des partis et des avant-gardes. C'est ça notre situation : nous sommes pris entre de vieilles possibilités, devenues caduques, et donc irrépétables, et l'attente encore vide d'un futur qui, en un certain sens, est impossible, faute d'avoir enregistré l'événement qui devra l'annoncer.

Il ne s'agit pas de dire que le dernier siècle était entièrement criminel et voué aux destructions. Nous devons au contraire constater et admettre que la volonté et la conviction de millions et de millions de gens autour de l'idée d'un nouveau monde, conviction qui en un sens le rendait possible, possédait une terrible grandeur, une grandeur à la fois enthousiasmante et tragique. Mais le fait est que nous venons après tout cela. Si bien que nous ne pouvons ni désirer que persiste le monde tel qu'il est, ni répéter ce qui a été tenté contre lui. Nous devons donc, avec les moyens qui sont les nôtres, transformer localement la situation, y construire quelque chose, peut-être quelque chose de très modeste – car nous devons accepter que les nouvelles expériences soient très modestes. Mais si modeste soit-elle, notre invention doit être dès son début à l'échelle du monde, du monde entier. C'est aujourd'hui que se pose la question de l'action transnationale, de la liquidation totale, déjà exigée du militant communiste dans le *Manifeste* de Marx, de tout ce qui rattache encore la politique communiste aux vieilleries des États nationaux et des identités que ces États convoquent.

Une expérience politique de ce genre va dans la direction de l'avenir et l'avenir sera la construction d'un nouveau monde, au sens radical d'une nouvelle totalité du monde – nous ne voulons plus jamais du « socialisme dans un seul pays ». Il faut commencer par des expériences locales à valeur immédiatement, et constamment, internationale. Nous n'aurons plus jamais d'autre patrie que le monde entier, dont le prolétaire nomade – nommé dérisoirement « immigré » –, partout où il cherche un travail, est le véritable héros.

Eh bien, cela a vraiment été un plaisir d'être avec vous, un plaisir de vous parler et de vous entendre. C'était ardu parce que c'était beaucoup de travail, mais c'était un travail plaisant, et si je suis fatigué, c'est parce que je suis aussi un vieil homme. En tout cas je suis principalement tout à fait enchanté par ces moments en votre compagnie, et je vous remercie.

# Dix-huit exercices de philosophie contemporaine

Document réalisé par le professeur Tocéras

*Puisque la philosophie est sous conditions des procédures de vérité, mais ne produit point elle-même de vérité, puisqu'il n'est plus raisonnable de croire qu'elle sert à prouver Dieu, à expliquer le monde et à sauver l'âme, puisque c'est la science qui est notre prise sur l'univers, l'art qui touche le Sujet, l'amour qui établit l'Autre et la politique qui pense la généricité du collectif, il faut concevoir la philosophie comme un exercice de pensée, un athlétisme mental, une saisie du temps par la force intellectuelle pure. Il ne s'agit pas, quand on s'y voue, de parvenir aux ultimes vérités – encore qu'il faille ascétiquement, se soumettre à celles dont l'époque inscrit les événements fondateurs. Il s'agit de pratiquer l'exercice suprême, celui qui établit le lieu intelligible. Celui qui voue la pensée aux manifestations de l'Universel.*

*Les exercices qui suivent, largement tirés de la philosophie telle qu'elle a été écrite, lue et pratiquée vers la fin du XX^e siècle, ne sont pas des sujets de mémoire ou de dissertation. Ils sont la menue monnaie de l'Exercice. Oui, s'exercer ainsi, c'est désirer parvenir au point d'où l'on proposera une forme renouvelée de l'Exercice.*

*Exercice 1*

Lire et étudier, avec tous les appuis bibliographiques nécessaires la « tétralogie » platonicienne : *Le Parménide*, *Le Sophiste*, *Le Théétète* et *Le Politique*. Simultanément, composer un florilège de tous les passages consacrés par Heidegger à Platon, avec pour noyau le texte « La doctrine platonicienne de la vérité[1] ». Tenter, à partir de ce corpus, de penser exactement la tension à laquelle Heidegger soumet le platonisme (notamment par la façon dont il fait dériver l'Idée) et propose une évaluation de cette tension, dans son rapport complexe à l'antiplatonisme nietzschéen.

*Exercice 2*

Tenter de reconstituer une histoire périodisée du rapport entre politique et histoire, tel que l'ont pensé les grands marxistes militants, et ce, à partir de trois textes seulement : le *Manifeste du Parti communiste* (Marx, 1848), *Que faire ?* (Lénine, 1902)

1. M. Heidegger, « La doctrine platonicienne de la vérité », in *Questions II*, trad K. Axelos, Gallimard, 1968.

et *Problèmes stratégiques de la guerre révolutionnaire* (Mao Tsé-toung, 1936/1938). Chercher à établir sur quels opérateurs philosophiques influent directement les mutations de ce rapport – si l'exercice les établit.

*Exercice 3*

Comparer le concept du peuple supposé dans la conception que Jacques Rancière développe de l'égalité (par exemple dans *Le Maître ignorant*[1]) avec le concept de Rousseau, dans sa forme politique pure (*Du contrat social*) ou dans sa forme socialisée (*Confessions*, *La Nouvelle Héloïse*).

*Exercice 4*

Comprendre intégralement, dans la visée de ses apports sur l'amour et le Deux sexuel, le *Séminaire XX* de J. Lacan[2]. Pour connecter les concepts, on s'aidera de la table analytique des *Écrits*[3], instrument de travail réalisé par J.-A. Miller.

*Exercice 5*

Qu'y a-t-il de commun ou, au contraire, d'incommensurable entre les ontologies du Multiple proposées

---

1. J. Rancière, *Le Maître ignorant*, Fayard, 1987.
2. J. Lacan, *Encore*, Seuil, 1975.
3. J. Lacan, *Écrits*, Seuil, 1966.

successivement, vers la fin du siècle dernier, par Deleuze et Guattari[1], Lyotard[2] et Badiou[3] ?

*Exercice 6*

Après lecture d'au moins les premiers chapitres de *Fundamentals of Contemporary Set Theory*[4], interroger le rapport entre la théorie des ensembles, dans sa forme moderne, et les traditionnelles spéculations philosophiques sur l'Un et le Multiple, et sur le tout et les parties. Pour prendre trois états de ces spéculations (antique, moderne et contemporain), on pourra se référer à Plotin, à Leibniz et à Nietzsche.

*Exercice 7*

Après relecture des *Méditations* de Descartes, examiner s'il est possible d'établir une corrélation systématique entre la critique kantienne du *Cogito* dans la *Critique de la raison pure*, et sa critique lacanienne, dont on établira le corpus à partir des *Écrits* et des *Séminaires* publiés. Rédiger les Réponses que Descartes n'aurait pas manqué de faire à ces Objections.

1. G. Deleuze, *Rhizome*, Les Éditions de Minuit, 1976.
2. J.-F. Lyotard, *Le Différend*, Les Éditions de Minuit, 1983.
3. A. Badiou, *L'être et l'événement*, Seuil, 1988.
4. K.J. Devlin, *Fundamentals of Contemporary Set Theory*, New York, Springer, 1979.

*Exercice 8*

Appréhender, dans un certain romanesque « moderne », une conception en quelque sorte générique, presque sauvage, de la production amoureuse du Deux – exemple-type : *Assez*, de S. Beckett[1] – et se demander si cet état de choses scelle une étape « moderne » du vieux lien entre condition amoureuse et prose romanesque. Pour alimenter la discussion, on pourra comparer Beckett, et éventuellement d'autres exemples de la même tendance contemporaine, à Conrad, *Le Frère de la côte*, à Tolstoï *Guerre et Paix*, à Balzac, *La Duchesse de Langeais*, et finalement à Rousseau *La Nouvelle Héloïse*.

*Exercice 9*

En comparant directement ce qui nous reste des sophistes grecs (cf. *Les Présocratiques*[2]) et ce qui en est dit par Platon (*Protagoras*, *Gorgias*, *Le Sophiste*) au texte de Wittgenstein (*Investigations philosophiques*[3]), et à tout autre témoignage du « virage langagier » et analytique de la philosophie anglo-saxonne contemporaine, essayer de penser, d'examiner, de soumettre à critique l'hypothèse de l'existence d'une grande sophistique contemporaine.

1. S. Beckett, *Assez*, Les Éditions de Minuit, 1966.
2. J.-P. Dumont (dir.), *Les Présocratiques*, Gallimard, 1988.
3. L. Wittgenstein, *Investigations philosophiques*, trad. G.E.M. Anscombe, Gallimard, 1961.

*Exercice 10*

Existe-t-il une réelle différence, pour un philosophe contemporain, entre l'Italien de la Renaissance, Galilée, et le Grec de Syracuse, Archimède ?

*Exercice 11*

Quel espace de pensée dessine l'écart entre J. Cavaillès (*Sur la logique et la théorie de la science*[1]) et A. Lautman (*Essai sur l'unité des mathématiques et autres écrits*[2]) quant au rapport entre condition mathématique et philosophie ? Que suggère le fait que là où Cavaillès parle *concept*, Lautman, pense *Idée* ? On se souviendra qu'en 1939, juste avant la guerre où, résistants l'un et l'autre, ils devaient l'un et l'autre être tués par les nazis, une *disputatio* eut lieu entre les deux hommes, sous l'égide de la Société française de philosophie.

*Exercice 12*

Que suggère le quadripôle constitué par 1) le texte de Hegel sur les mathématiques dans *Science de la logique*[3]) ; 2) l'interprétation de ce texte par

---

1. J. Cavaillès, *Sur la logique et la théorie de la science*, Vrin, 2000.
2. A. Lautman, *Essai sur l'unité des mathématiques et autres écrits*, UGE, 1977.
3. G.W.F. Hegel, *Science de la logique*, trad. B. Bourgeois, Vrin, 2015.

J.-T. Desanti dans *La Philosophie silencieuse*[1] ; le texte de Husserl sur *L'Origine de la géométrie*[2] ; 3) l'introduction au texte de Husserl écrite par J. Derrida ?

*Exercice 13*

Saint Paul peut-il être tenu pour un philosophe, et sinon quel est le statut de son texte (précisément : de sa prédication antilégaliste) ?

*Exercice 14*

Peut-on trouver un plan de pensée où Pascal, Rousseau, Mallarmé et Lacan seraient à concevoir et à pratiquer simultanément, outre ceci que le premier a touché aux mathématiques, que le deuxième est un théoricien de la politique, que le troisième est poète, et que le quatrième a renouvelé le concept de l'amour ?

*Exercice 15*

La méthode d'investigation historique de M. Foucault, telle qu'elle apparaît dans *Naissance de la clinique*[3], peut-elle être tenue pour une systématisation, une généralisation de celle mise au point

1. J.-T. Desanti, *La Philosophie silencieuse*, Seuil, 1975.
2. E. Husserl, *L'Origine de la géométrie*, trad. J. Derrida, PUF, 2010.
3. M. Foucault, *Naissance de la clinique*, PUF, 1963.

par son maître G. Canguilhem (par exemple : *La Connaissance de la vie*[1]) ?

*Exercice 16*

Comparer la lecture de Hegel proposée par Kojève (*Leçons sur la Phénoménologie de l'esprit*[2]), par Sartre (*L'Être et le Néant*[3]), dans le chapitre sur le pour-autrui, et par Althusser (dans *Pour Marx* et surtout dans *Lire le Capital*[4]). Se demander pourquoi, en France, le « conflit des interprétations » à propos de Hegel s'attache à la *Phénoménologie de l'esprit* ou à la philosophie de l'Histoire, beaucoup plus qu'à la Logique.

*Exercice 17*

Les fameuses questions de Kant « Que puis-je connaître ? Que dois-je faire ? Que puis-je espérer ? » sont-elles encore, pour notre temps, de bonnes questions ? Et sinon, lesquelles le seraient ?

1. G. Canguilhem, *La Connaissance de la vie*, Vrin, 2000.
2. A. Kojève, *Introduction à la lecture de Hegel. Leçons sur la Phénoménologie de l'esprit*, Gallimard, 1980.
3. J.-P. Sartre, *L'Être et le Néant*, Gallimard, 1976.
4. L. Althusser, *Lire le Capital*, Maspero, 1963.

*Exercice 18*

Rédiger dans le même style d'autres exercices dont vos lectures, vos travaux, votre écoute de cours, vos problèmes personnels, vos discussions diverses, et autres expériences de la vie et de la pensée vous auraient suggéré l'énoncé.

# Table

## Du même auteur

*Philosophie*

*Le Concept de modèle*, Maspero, 1969 ; rééd. Fayard, Paris, 2007.
*Théorie du sujet*, Seuil, 1982.
*Peut-on penser la politique ?*, Seuil, 1985.
*L'être et l'événement*, Seuil, 1988.
*Manifeste pour la philosophie*, Seuil, 1989.
*Le Nombre et les nombres*, Seuil, 1990.
*Conditions*, Seuil, 1992.
*L'Éthique*, Hatier, 1993 ; rééd. Caen, Nous, 2003.
*Deleuze, « la clameur de l'être »*, Hachette Littératures, 1997 ; rééd. « Pluriel », 2013.
*Saint Paul, la fondation de l'universalisme*, PUF, 1997 ; rééd. « Quadrige », 2015.
*Court Traité d'ontologie transitoire*, Seuil, 1998.
*Petit manuel d'inesthétique*, Seuil, 1998.
*Abrégé de métapolitique*, Seuil, 1998.
*Le Siècle*, Seuil, 2005.
*Logiques des mondes*, Seuil, 2006.

*Petit panthéon portatif*, La Fabrique, 2008.
*Second manifeste pour la philosophie*, Fayard, 2009.
*L'Antiphilosophie de Wittgenstein*, Caen, Nous, 2009.
*Le Fini et l'infini*, Montrouge, Bayard, 2010.
*Il n'y a pas de rapport sexuel. Deux leçons sur « L'Étourdit » de Lacan* (coll. B. Cassin), Fayard, 2010.
*Heidegger. Le nazisme, les femmes, la philosophie* (coll. B. Cassin), Fayard, 2010.
*La Philosophie et l'événement : entretiens avec Fabien Tarby*, Meaux, Germina, 2010.
*La Relation énigmatique entre politique et philosophie*, Meaux, Germina, 2011.
*Entretiens. 1981-1999*, Caen, Nous, 2011.
*La République de Platon*, Fayard, 2012 ; rééd. « Pluriel », 2014.
*Jacques Lacan, passé, présent : dialogue avec Élisabeth Roudinesco*, Seuil, 2012.
*L'Aventure de la philosophie française depuis les années 1960*, La Fabrique, 2012.
*Pornographie du temps présent*, Fayard, 2013.
*Métaphysique du bonheur réel*, PUF, 2015.
*À la recherche du réel perdu*, Fayard, 2015.
*La Vraie Vie*, Fayard, 2016.
*De la fin. Conversations* (coll. G. Tusa), Milan, Mimesis, 2017.
*La Tradition allemande dans la philosophie* (coll. J.-L. Nancy), Lignes, 2017.
*L'Immanence des vérités*, Fayard, 2018.

*Homme, femme, philosophie* (coll. B. Cassin), Fayard, 2019.
*Qu'est-ce que la philosophie ?*, Caen, Nous, 2022.
*Le Fini et l'infini*, Montrouge, Bayard, « Les petites conférences », rééd. 2022.

*Le séminaire*

*Le Séminaire. Lacan. L'antiphilosophie 3, 1994-1995*, Fayard, 2013.
*Le Séminaire. Malebranche. L'être 2. Figure théologique, 1986*, Fayard, 2013.
*Le Séminaire. Images du temps présent, 2001-2004*, Fayard, 2014.
*Le Séminaire. Parménide, L'être 1. Figure ontologique, 1985-1986*, Fayard, 2014.
*Le Séminaire. Heidegger. L'être 3. Figure du retrait, 1986-1987*, Fayard, 2015.
*Le Séminaire. Nietzsche. L'antiphilosophie 1, 1992-1993*, Fayard, 2015.
*Le Séminaire. L'Un. Descartes, Platon, Kant, 1983-1984*, Fayard, 2016.
*Le Séminaire. L'Infini. Aristote, Spinoza, Hegel, 1984-1985*, Fayard, 2016.
*Le Séminaire. Que signifie « changer le monde » ?, 2010-2012*, Fayard, 2017.
*Le Séminaire. Vérité et sujet, 1987-1988*, Fayard, 2018.
*Le Séminaire. Théorie du mal, théorie de l'amour, 1990-1991*, Fayard, 2018.

*Le Séminaire. L'essence de la politique, 1991-1992*, Fayard, 2018.

*Le Séminaire. Théorie axiomatique du sujet, 1996-1998*, Fayard, 2019.

*Le Séminaire. Pour aujourd'hui : Platon !, 2007-2010*, Fayard, 2019.

*Le Séminaire. S'orienter dans la pensée, s'orienter dans l'existence, 2004-2007*, Fayard, 2022.

*Essais critiques*

*Rhapsodie pour le théâtre*, Imprimerie nationale, 1990 ; rééd. PUF, 2014.

*Beckett, l'increvable désir*, Hachette Littératures, 1995 ; rééd. « Pluriel », 2006.

*Éloge de l'amour* (coll. N. Truong), Flammarion, 2009.

*Cinéma*, Nova Éditions, 2010.

*Cinq Leçons sur le cas Wagner*, Caen, Nous, 2010.

*Éloge du théâtre* (coll. N. Truong), Flammarion, 2013.

*Éloge des mathématiques* (coll. G. Haeri), Flammarion, 2015.

*Que pense le poème ?*, Caen, Nous, 2016.

*Sur « Le ciel du centaure » de Hugo Santiago* (coll. A. Garcia-Duttmann et J.-L. Nancy), Caen, Nous, 2016.

*Radar poésie. Essai sur Aragon*, Gallimard, 2020.

*Littérature et théâtre*

*Almagestes*, prose, Seuil, 1964.
*Portulans*, roman, Seuil, 1967.
*L'Écharpe rouge*, roman opéra, Maspero, 1979.
*Ahmed le subtil*, farce, Arles, Actes Sud, 1994.
*Ahmed philosophe*, suivi de *Ahmed se fâche*, théâtre, Arles, Actes Sud, 1995.
*Les Citrouilles*, comédie, Arles, Actes Sud, 1996.
*Calme bloc ici-bas*, roman, POL, 1997.
*La Tétralogie d'Ahmed*, Arles, Actes Sud, 2010, 2015.
*Le Second Procès de Socrate*, Arles, Actes Sud, 2015.
*Le Noir*, Autrement, 2015 ; rééd. 2023.
*La République de Platon suivie de L'Incident d'Antioche*, Fayard, 2016.
*La Philosophie, le théâtre, la vraie vie*, Avignon, Éditions universitaires d'Avignon, 2016.
*Mallarmé, le théâtre, la tribu* (coll. P. Lacoue-Labarthe et J. Rancière), Bourgois, 2017.
*Ahmed revient*, Arles, Actes Sud, 2018.

*Essais politiques*

*Théorie de la contradiction*, Maspero, 1975.
*De l'idéologie* (coll. F. Balmes), Maspero, 1976.
*Le Noyau rationnel de la dialectique hégélienne* (coll. L. Mossot et J. Bellassen), Maspero, 1977.
*D'un désastre obscur*, La Tour-d'Aigues, L'Aube, 1991 ; rééd. 2012.
*Circonstances 1. Kosovo, 11 Septembre, Chirac-Le Pen*, Léo Scheer, 2003.

*Circonstances 2. Irak, foulard, Allemagne-France*, Léo Scheer, 2004.

*Circonstances 3. Portées du mot « juif »*, Léo Scheer, 2005.

*Circonstances 4. De quoi Sarkozy est-il le nom ?*, Lignes, 2007.

*Circonstances 5. L'hypothèse communiste*, Lignes, 2009.

*Circonstances 6. Le Réveil de l'Histoire*, Lignes, 2011.

*Circonstances 7. Sarkozy, pire que prévu. Les autres, prévoir le pire*, Lignes, 2012.

*Circonstances 8. Un parcours grec*, Lignes, 2016.

*Démocratie, dans quel état ?* (en coll.), La Fabrique, 2009.

*L'Explication : conversation avec Aude Lancelin et A. Finkielkraut*, Lignes, 2010.

*L'Idée du communisme, 1* (en coll.), Lignes, 2010.

*L'Idée du communisme, 2* (en coll.), Lignes, 2011.

*L'Antisémitisme partout. Aujourd'hui en France* (coll. É. Hazan), La Fabrique, 2011.

*Les Années rouges*, Prairies ordinaires, 2012.

*Controverse : dialogue avec Jean-Claude Milner sur la philosophie et la politique de notre temps* (coll. Ph. Petit), Seuil, 2012.

*Que faire ? Dialogue sur le communisme, le capitalisme et l'avenir de la démocratie* (coll. Marcel Gauchet), Philosophie Magazine éditeur, 2014.

*Entretien platonicien* (coll. M. Kakogianni), Lignes, 2015.

*Quel communisme ?* (coll. P. Engelmann), Montrouge, Bayard, 2015.

*Notre mal vient de plus loin. Penser les tueries du 13 novembre*, Fayard, 2016.

*Qu'est-ce que j'entends par marxisme ?*, Éditions sociales, 2016.

*Éloge de la politique* (coll. A. Lancelin), Flammarion, 2017.

*On a raison de se révolter*, Fayard, 2018.

*Petrograd, Shanghai. Les deux révolutions du XXe siècle*, La Fabrique, 2018.

*Méfiez-vous des blancs, habitants du rivage*, Fayard, 2019.

*Trump*, PUF, 2020.

*Tombeau d'Olivier*, Fayard, 2020.

*Alain Badiou par Alain Badiou*, PUF, 2021.

*Les Possibles Matins de la politique. Interventions (2016-2020)*, Fayard, 2021.

*Remarques sur la désorientation du monde*, Gallimard, 2022.

NORD COMPO
multimédia

Composition et mise en pages
Nord Compo à Villeneuve-d'Ascq

CET OUVRAGE
A ÉTÉ ACHEVÉ D'IMPRIMER
SUR ROTO-PAGE
PAR L'IMPRIMERIE FLOCH
À MAYENNE EN SEPTEMBRE 2023

N° d'édition : 564746-0. N° d'impression : 103302
Dépôt légal : octobre 2023
Imprimé en France